भारतीय
ज्ञानपीठ

णाणं
पयासयं
वीर नि.सं.
2470
ई.सन्
1944
भारतीय ज्ञानपीठ

अन्त हाज़िर हो

(नाटक)

अन्त हाज़िर हो

मीरा कांत

भारतीय ज्ञानपीठ

लोकोदय ग्रन्थमाला : ग्रन्थांक 1128

ग्रन्थमाला सम्पादक

रवीन्द्र कालिया

सह-सम्पादक

गुलाबचन्द्र जैन

ISBN 978-81-263-4099-6

अन्त हाज़िर हो

(नाटक)

मीरा कांत

पहला संस्करण : 2012

मूल्य : 120 रुपये

प्रकाशक : **भारतीय ज्ञानपीठ**

18, इन्स्टीट्यूशनल एरिया, लोदी रोड, नयी दिल्ली-110 003

मुद्रक : विकास कम्प्यूटर ऐंड प्रिंटर्स, दिल्ली-110032

आवरण-चित्र : वाज़दा ख़ान

आवरण-सज्जा : ज्ञानपीठ कला प्रभाग

ANT HAAZIR HO

(Hindi Play)

by Meera Kant

Published by

Bharatiya Jnanpith

18, Institutional Area, Lodi Road

New Delhi-110 003

e-mail : jnanpith@satyam.net.in, sales@jnanpith.net

website : www.jnanpith.net

First Edition : 2012

Price : Rs. 120

अन्तहीन व्यथा को भोगतीं
छोटी-बड़ी बच्चियों के नाम

अन्त को अन्त न पाया री

अदालती पुकार शैली के शीर्षक में निबद्ध नाटक 'अन्त हाज़िर हो' आह्वान है समाज की उन मुहरबन्द कुरूपताओं को बेनकाब करने का जिन्हें हम रिश्तों के पुआल में दबाये रखते हैं, उनका पाल दाबे रखते हैं। डाल पर पके फल जहाँ सुगन्ध और मिठास देते हैं, वहाँ पाल में पकाए रिश्ते विकृति उत्पन्न करते हैं। 'अन्त हाज़िर हो' इनसेस्ट (कौटुम्बिक व्यभिचार) को गौरवान्वित करके पश्चिम को लुभाने वाली तिकड़म न होकर पारिवारिक सम्बन्धों की उस सीलन-भरी, पकड़ में न आने वाली सड़ाँध को उजागर करता है जिसकी बासी गन्ध रिश्तों की गालियों का दबा-ढँका यथार्थ है। यह यथार्थ आधुनिक या उत्तर आधुनिक युग का अति-यथार्थवाद न होकर सिसकारी भरी इन गालियों का तलघर है।

हास्य-विनोद के वरक में लिपटी सम्वाद-योजना से कोई भ्रान्ति उत्पन्न न हो इसलिए नाटक का आरम्भ नुक्कड़ नाटक के दृश्य से किया है। 'बाबूजी की थाली' नामक इस नुक्कड़ नाटक के माध्यम से स्त्री को हर हालत में निरुपाय रखने की साज़िश को बेपर्दा किया गया है। मनुवादी व्यवस्था में बालिकाओं और वैवाहिक बन्धन में बँधी पत्नी की अवश-विवश सामाजिक स्थिति की पीड़ा इस नाटक का अन्तःपाठ है। जैसा कि शीर्षक से ध्वनित होता है, यथास्थितिवाद का जोखिम उठाते हुए भी नाटक में कोई ब्योंता-तराशा समाधान पेश नहीं किया गया है। रहस्य-कथा शैली में लिखा यह नाटक मध्य तक पहुँचकर हल्की-फुल्की चुहल में प्रहसन का आभास देता है, किन्तु शीघ्र ही यह किसी नॉन-सीरियस चुहल का प्रतिवाद कर देता है। दरअसल गम्भीर सुर में शुरू हुए नुक्कड़ नाटक को अचानक रद्द करने के बाद मुख्य पृष्ठों तक युवा पात्रों की परस्पर नोंक-झोंक, गम्भीर प्रश्नों से जूझने का बेस कैम्प है।

'अन्त हाज़िर हो' नाटक के भीतर नाटक की प्राविधि से मानो आलाप लेता है। तीन पात्र किसी प्रस्तावित प्रस्तुति के पूर्वाभ्यास में व्यस्त दिखाई देते हैं जिसमें एक प्रौढ़ा विवाहिता अपने विवाहित जीवन के निश्शेष समर्पण-भाव पर कुछ खिन्न दिखाई देती है। उधर एक अन्य अभिनेता सुधांशु और स्वयं इस नुक्कड़ नाटक की लेखिका शिल्पा के रिहर्सल में समय से न आ पाने और युवा

पीढ़ी का प्रौढ़ प्रश्नों से तादात्म्य न कर पाने के कारण, किंचित असन्तुष्ट भाव से रिहर्सल रोक दी जाती है। मंडली के वरिष्ठतम सदस्य धीरज और परस्पर मित्र रोली और इरफ़ान का व्यंग्य-विनोद और समकालीन प्रसंगों पर गम्भीर घाव करने वाली मीठी चुटकियों का पूर्वरंग चलता रहता है। इसी अवसर पर पड़ोस की एक वृद्धा के आगमन से नाटक की बीज सन्धि का सूत्रपात होता है। तीस पार कर चुके पीएच.डी. की मँझधार में डूबे बेरोज़गार धीरज दा एक ट्यूटर के रूप में पड़ोसन की बेटी सलोनी को पढ़ाने जाने वाले हैं। यह वृद्धा उसी सलोनी की दादी है। निकृष्ट महत्त्वाकांक्षा से पीड़ित अपने बेटे की ग़ैर-ज़िम्मेदारी का रोना रोते हुए वह एक रहस्य प्रकट करती है। उसके बेटे यानी सलोनी के पिता के एक मित्र नरेन्दर ने सलोनी के पिता की लम्बी अनुपस्थिति में आर्थिक और भावात्मक सुरक्षा देने के नाम पर किस तरह सलोनी का विश्वास भंग किया। इसके प्रभाव से सलोनी आज भी अवसादग्रस्त है।

मर्यादा की लक्ष्मण-रेखा का चीर-हरण करने वाले बलात् सम्बन्धों का यह पहला चरण है। 'जैसा' अथवा 'जैसी' से शुरू होने वाले सम्बन्धों में रिसती बदनीयती की यह पहली घंटी है। परिवार में अपनी जगह बनाने के लिए सलोनी और उसकी माँ पर 'मोहिनी फेरने' वाला नरेन्दर-प्रकरण सम्बन्धों के कुहासे पर सर्चलाइट का काम करता है। इस प्रसंग के बाद प्रवेश करने वाली शिल्पा नुक्कड़ नाटक प्रसंग से कतराती हुई, कुछ अपने में डूबी एक बिम्ब का उल्लेख करती है जो इस नाटक के लट्टू की कील है-

''मेरे मन में... मेरे मन में आजकल एक इमेज... एक बिम्ब चल रहा है। अफ्रीका के जंगलों में एक पेड़ पाया जाता है। विषपायी पेड़... ख़ून चूसने वाला पेड़। जो भी उसके साये में आता है वह झुककर उसे साया देने की आड़ में उसका ख़ून पी लेता है। ख़ून चूस लेता है।''

'साये में धूप' मिलना तो सम्बन्धों की कोई सुनी-सुनाई दुपहरी नहीं है पर साया देने वाले वृक्ष का रक्तपायी होना, वृक्षों का स्वयं अपने फल चखना अमानवीय और दुर्भाग्यपूर्ण यथार्थ है। यहाँ पहुँचकर नाटक अत्यन्त विषादमय स्थितियों का सुराग लेकर आता है जिसे लेखिका ने बहुत सँभालकर आगे बढ़ाया है।

इस नाटक का दूसरा सिरा बाल और किशोर मन की उलझनों का मनोविकारों में बदलने तक जाता है। कुशाग्र बुद्धि संवेदनशील किशोर किन दबावों में आत्मघात को अन्तिम शरण मान लेते हैं उसका भी एक पक्ष उजागर करता है-'अन्त हाज़िर हो'। समाचार-पत्रों में छपने वाली ऐसी ख़बरें उस ह्वेल मछली के पृष्ठ भाग की तरह होती हैं जो महासागर में कभी-कभार दिखाई दे

जाता है, शेष भाग प्रायः ओझल रहता है। क्षुद्र स्वार्थों के लिए अपने जिगर के टुकड़ों की बलि देने वालों की तरह कुछ परिवारों के पुरुष सदस्यों द्वारा छोटी उम्र की लड़कियों का यौन-शोषण होता है। कहना न होगा कि यह क्रूर व्यवहार केवल उनकी देह पर किया जाने वाला अत्याचार नहीं। इस अमानवीय कृत्य से एक नन्हा अर्द्ध-बोध मन इतनी बुरी तरह क्षत-विक्षत हो जाता है कि उसका अपने मस्तिष्क से नाता टूट जाता है। चिकित्सीय शब्दावली में कहा जाये तो- where intellect is divorced from emotions, अर्थात् जहाँ बुद्धि और संवेग परस्पर विच्छिन्न हो जाते हैं।

नाटक की किशोर पात्र छोटी का वृत्तान्त असामान्य परिस्थितियों के बोझ तले दबकर क्रमशः परिवार, समाज और अन्ततः स्वयं अपने से छूटते चले जाना इस दुर्वह, दुस्सह यात्रा के विभिन्न पड़ावों का आख्यान है। परिवार के वरिष्ठ सदस्यों का नयी पीढ़ी के सदस्यों पर शेर की नज़र रखना तो युगों से चली आ रही धारावाहिक कथा है पर इस नाटक में नई पीढ़ी की उस क्लान्त मनोदशा का वर्णन है जहाँ छोटी को बड़ों के दोगले आचरण से क्षुब्ध, आक्रोश से सन्तप्त और फिर पूर्णतः पराङ्मुख होता दिखाया गया है। पाँच वर्षीया छोटी को अपने पिता का उसकी सयानी बहन अनु दीदी के प्रति कामार्त व्यवहार चाहे समझ में न आया हो परन्तु किशोरी होने पर छोटी पिता के रैक में उत्तेजक किताबों की उपस्थिति में निहित संकेतों का समीकरण समझ जाती है। पिता की ललचाई दृष्टि और पुस्तक-संग्रह में 'धधकती आग' की रासायनिक अन्तःक्रिया छोटी के मनोविक्षेप का उपोद्घात बनकर आती है।

मीरा कांत के इस नाटक में पारिवारिक सम्बन्धों की इस विकृति को बहुत बारीक़ी से समझने-समझाने की कोशिश की गयी है। 'अन्त हाज़िर हो' में तीन-तीन बेटियों को बोझ समझने वाले पापा की लोलुप दृष्टि वस्तुतः लड़कियों के प्रति, उनके स्त्रीत्व के प्रति हेय दृष्टि की कुरूप अभिव्यक्ति है। कन्या-धन और पराया-धन में विश्वास करने वाली कूढ़मगज़ सामन्ती व्यवस्था को बदलने या उससे भिड़ने के स्थान पर वे लड़कियों को स्त्री होने की सज़ा देने पर उतारू हो जाते हैं। नशे की हालत में पापा इस व्यवस्था के प्रति अपना क्षोभ प्रकट करते हुए कहते हैं-

"साली क्या ज़िन्दगी है हमारी भी यार... बीज बोओ। उसे सींचते रहो सालों... पालो पोसो... जब लहलहाने लगे तो किसी और की नज़र कर दो। साला... पालें हम फल खायें और!"

कुल मिलाकर इस नाटक में स्त्री के प्रति इस पुरुष-दृष्टिकोण का विवस्त्र यथार्थ अपनी केंचुल से बाहर आ जाता है। यद्यपि इसके एंटीथीसिस के रूप

में पाँच प्रमुख पात्रों में स्त्री-पुरुष सम्बन्ध के स्वस्थ सहज सम्बन्धों का एक रोड मैप भी समानान्तर चलता रहता है। नाटक की अन्तःकथाओं की ओर लौटें तो स्त्री के प्रति एक बेहद आम दृष्टि की पोल पग-पग पर खुलती प्रतीत होती है। छोटी के दूसरी बार दसवीं में फेल हो जाने पर ग़म ग़लत करने के लिए पापा, सक्सेना अंकल के साथ जाम चढ़ाते हुए एक टिप्पणी करते हैं जो सहसम्बन्ध की कलई खोलकर रख देती है—

"अरे... लीजिए... लीजिए और लीजिए... हाथ बढ़ाइए... अब नमकीन वग़ैरह तो आप लेते नहीं... अच्छा करते हैं... सोडा भी कहाँ लेते हैं... अरे साहब नीट का मज़ा कुछ और ही है। बेकार के चोंचलों में क्या रखा है। ये चोंचलेबाज़ी तो औरतों को पसन्द है। अजी यहाँ इतना वक़्त किसके पास है!"

'बाबूजी की थाली' नुक्कड़ नाटक भी पति-पत्नी सम्बन्ध की इसी विषम स्थिति के दूसरे आयाम उद्घाटित करता है जहाँ बहुआ घरेलू बेगार की तरह गृहस्थी के कामों में उलझी रहती है और बदले में मिलती है उन्हें अपनी सास और पति की त्यौरी चढ़ी हुंकार मात्र। यह 'इधर कुआँ उधर खाई' वाली दशा है। सामाजिक सुरक्षा का महसूल है घरेलू बेगार तो भावात्मक सुरक्षा का प्रतिदान है प्रवंचना। सलोनी के पिता के दुबई में जाकर भूमिगत हो जाने के बाद उसकी माँ के जीवन में उसके पिता का मित्र नरेन्दर आकर एक दोहरा खेल शुरू करता है जिसमें उसकी माँ की मति और स्वयं सलोनी का सन्तुलन गड़बड़ा जाता है। इस तरह रिश्तों में ग़ैर-बराबरी और हद दर्जे की ग़ैर-ईमानदारी का अक्स है 'अन्त हाज़िर हो' जिसे मीरा कांत ने बहुत सधे हाथों से लिखा है।

पाँच मित्रों की नाट्य मंडली के माध्यम से इसे रस-भेद के साथ प्रमाताओं तक पहुँचाया गया है। नितान्त अमर्यादित प्रसंगों को इतनी शालीनता से दृश्यबद्ध किया गया है कि कहीं भी साहित्यिक गरिमा में कोई स्खलन नहीं आता। टेकनीक की दृष्टि से दृश्यों के विन्यास की सूझबूझ भी सराहने लायक़ है। बार-बार अंक परिवर्तन न करके केवल प्रकाश वृत्त बदलकर फ्लैशबैक शैली का बहुत सफल और सुरुचिपूर्ण प्रयोग किया गया है। अन्य नाटकों की भाँति इस नाटक में रंग संकेत चौराहे की लाल-हरी बत्तियाँ न होकर नाटक की मूल आत्मा की अभिव्यक्तियाँ हैं।

दृश्य-संकेतों के दो प्रकाश-वृत्तों की भाँति यह नाटक एक साथ दो समस्याओं को आगे लेकर बढ़ता है। एक स्तर पर यह कौटुम्बिक कामुक सम्बन्धों का दुःखद वृत्तान्त है तो दूसरी ओर किशोर मन की रोगग्रस्त दशा के क्रमिक विकास की दारुण गाथा। छोटी का अपने सिर पर भैंस के सींग उग आने की भयातुर स्थिति, उसका पिता की किताबों को बीच से चीर देना, उसका

वाचिक आक्रोश और अन्ततः आत्मघात, किशोर असमान्य व्यवहार की क्रमिक अन्तर्यात्रा है। छोटी के पिता की कुत्सित लिप्सा और छोटी और सलोनी का अवसाद वास्तव में असामान्य मनोविज्ञान की ही दो सरणियाँ है। मीरा कांत का यह नाटक इन दोनों ही सिरों के लिए एक नये अन्त का आकांक्षी है। यह सनसनी फैलाने अथवा सम्बन्धों की उलटबाँसियाँ पेश करके बोल्ड कहलाये जाने का करतब न होकर, ठहर कर सोचने का अनुष्ठान है। किसी अज्ञात छोटी की डायरी के माध्यम से एक पिता द्वारा दो-दो पुत्रियों से अवैध सम्बन्ध बनाने की कुत्सित चेष्टा का भंडाफोड़ होने पर सभी पात्र इस असह्य स्थिति से निकलने के लिए पुलिस, प्रेस और महिला-आयोग के विकल्पों पर विचार कर उन्हें एक सिरे से ख़ारिज कर देते हैं। छोटी द्वारा पंखे से लटक कर आत्महत्या करने की सूचना मिलते ही इस प्रकरण के ऐसे अन्त पर सभी रोष से भर जाते हैं। 'ये अन्त नहीं' का निषेध 'अन्त हाज़िर हो' के आह्वान में बदल जाता है। मीरा कांत ने 'नेपथ्य-राग' के अन्त की भाँति इस नाटक को भी अत्यन्त नाजुक मोड़ पर लाकर छोड़ दिया है जो किसी अतिनाटकीय परचमवादी समाधान से बेहतर है।

सुषमा भटनागर

(जम्मू-कश्मीर कल्चरल अकादमी के सौजन्य से जम्मू और दिल्ली में मुश्ताक काक के निर्देशन में कई बार मंचित।)

पात्र–परिचय

धीरज : उम्र 30 वर्ष। कई सालों से पीएच.डी. (हिन्दी) में।

सुधांशु : उम्र 27 वर्ष। पीएच.डी. (इन्टरनेशनल रिलेशन्स) का छात्र।

इरफ़ान : उम्र 27 वर्ष। पीएच.डी. (हिन्दी) का छात्र।

रोली : उम्र 23 वर्ष। एम.ए. (सोशिऑलजी) की छात्रा।

शिल्पा : उम्र 23 वर्ष। एम.ए. (हिन्दी) की छात्रा।

वृद्धा : उम्र 70 वर्ष। धीरज की पड़ोसन।

नवयुवक : उम्र लगभग 25 वर्ष। शिल्पा का रिश्ते का भाई।

चायवाला

देश-काल

आज के किसी भी महानगर का कोई
आवासीय इलाक़ा तथा महानगर में
स्थित किसी महाविद्यालय का प्रांगण।

अंक एक

[*एक बड़े बन्द मकान का आउट हाउस जो कभी गराज था। इसलिए उस गराज के छोटे से कमरे के बाहर उसका इश्तिहारनुमा बोर्ड बेकद्री से आड़ा-तिरछा दीवार के सहारे खड़ा है। बोर्ड पर लिखा है–*

बात बस एक ही काफ़ी है दिल दुखाने को,
कील भी एक ही काफ़ी है यहाँ लाने को!
फ्लैट टायर का फ़ौरी इलाज
स्कूटर मरम्मत की दुकान

गराज के खुले से आँगन में एक चारपाई बिछी है। दो छोटे-छोटे स्टूल यहाँ-वहाँ रखे हैं। पर्दा उठते ही मंच पर धीरज, इरफ़ान और रोली दिखाई देते हैं जो बहुत ही संजीदा ढंग से किसी नुक्कड़-नाटक की रिहर्सल करने की कोशिश कर रहे हैं। इरफ़ान ज़ोर-ज़ोर से थाल बजा रहा है। बीच-बीच में वह मुँह से भी कोई ज़ोरदार आवाज़ निकाल रहा है जिससे लोगों का ध्यान आकर्षित कर सके। धीरज और रोली अपनी-अपनी भूमिकाओं के लिए तैनात खड़े हैं।]

धीरज : अरे भाई क्या शोर मचा रखा है... रुको...
(*इरफ़ान थाल बजाना और मुँह से आवाज़ें निकालना जारी रखता है।*)
क्या है ये हंगामा? क्यों हैं?
(*आवाज़ फिर भी नहीं रुकती।*)
अरे भई क्या कर रहे हो?

इरफ़ान : (*एक क्षण थाल बजाना रोककर*) थाल बजा रहा हूँ और क्या!
(*फिर बजाने लगता है।*)

धीरज : क्यों बजा रहे हो?

(पास जाकर उसका थाल बजाने वाला हाथ रोककर) क्या बेटा हुआ है?

इरफ़ान : *(हाथ छुड़ाकर)* आजकल क्या बेटा और क्या बेटी! फिर थाल बजाकर ख़बर सुनाने के दिन तो लद गये। अब तो इन्टरनेट है इन्टरनेट!

(थाल फिर बजाने लगता है।)

धीरज : *(कान बन्द करते हुए)* तो फिर क्यों बजा रहे हो थाल?

इरफ़ान : लोगों को जमा कर रहा हूँ।

धीरज : क्यों जमा कर रहे हो? इलेक्शन की स्पीच दोगे क्या?

इरफ़ान : *(थाल बजाना रोककर)* उसके लिए तो भाड़े के लोग चाहिये। इतने पैसे कहाँ हैं अपने पास!

(फिर थाल बजाता है।)

धीरज : तो फिर?

इरफ़ान : *(साँस छोड़कर)* तो फिर कुछ नहीं... एक कहानी लाया हूँ...

रोली : लो, बोलो मंच पर तो थी ही, अब नुक्कड़-नाटक में भी कहानी आ गई!

(इरफ़ान और धीरज ने मानो रोली की बात सुनी ही न हो।)

धीरज : कहानी! कैसी कहानी? किसकी कहानी?

इरफ़ान : घर-घर की कहानी... बहुआ की यानी माँ की, अम्मा की, अम्मी की, आई की कहानी... बहुआ की कहानी।

धीरज : बहुआ की कहानी?

इरफ़ान : हाँ बहुआ की कहानी और थाली की कहानी।

(धीरज पलटकर देखता है तो रोली को हाथ में एक बैनर लिये पाता है–'बाबूजी की थाली'।)

धीरज : *(बैनर देखकर)* अच्छा ये जो दीवार पर लिखा है... वो कहानी... बाबूजी की थाली की कहानी!

(रोली बैनर ले पीछे चली जाती है।)

इरफ़ान : हाँ! बाबूजी की थाली की कहानी जो असल में है बहुआ की कहानी... *(पीछे रोली की ओर इशारा करके)* उस बहुआ की।

(बहुआ बनने के लिए रोली अपने दुपट्टे को साड़ी के पल्ले की तरह ले रही है। फिर धीरे-धीरे मंच के मध्य

आती है। धीरज और इरफ़ान पीछे हो जाते हैं। जाने से पहले इरफ़ान अपना रूमाल मंच के मध्य जल्दी से रख देता है। धीरज अपने जूते उतारकर एक ओर पटकता है। बहुआ उदास है। घर के छुट-पुट काम निपटा रही है। उदासी की वजह से बीच-बीच में उसकी रुलाई छूटने को होती है पर वह स्वयं को सँभाल लेती है। वैसे घर का कोई ज़रूरी काम बचा नहीं है पर वह अपनी रुलाई से बचने के लिए ख़ुद को घर के कामों में उलझा रही है।)

बहुआ : (*स्वगत*) सारे कपड़े तो तहा दिये थे फिर ये रूमाल यहाँ कैसे पड़ा है? (*धीरे-धीरे चलकर जाती है और रूमाल उठाकर उसे झाड़ती है। फिर तहाती है। इस बीच अपने पल्लू से नाक भी पोंछती है।*) दाल, सब्ज़ी, रोटी, चावल सभी कुछ तो था फिर क्यों... (*रुककर आँसू पोंछते हुए*) चटनी भी रखी थी... आह दाल में अच्छे घी के छौंक की ख़ुशबू से कमरा महक उठा था।

(*सामने जूतों के दो पाँव, एक सीधा एक उल्टा, पड़ा देखती है तो उस ओर बढ़ जाती है।*)

कितनी बार कहा है अपशकुन होता है... जूते सीधे रखे जाने चाहिये... पर नहीं... करे कौन! हूँ न मैं करने के लिए...

(*जाकर उन्हें सीधा करने के लिए झुकती है। पल्ले से छूकर सीधा करती है जिससे हाथ जूठे न हों। कमर पकड़ कर सीधी होती है।*)

कितनी लगन, प्यार और दुलार से सजाई थी थाली... मुँह अँधेरे उठकर तैयार की थी कि उन्हें जाना है... जल्दी कर लूँ... पर नहीं... (*नाक पोंछती है*) सारी ज़िन्दगी बस यही चाहा कि बच्चों के बाबूजी को ख़ुश रख सकूँ... उनकी थाली को मन से परोसा था पर... छुआ तक नहीं उसे बाबूजी ने... थाली वैसी ही धरी रह गई!

(*आवाज़ में सख़्ती उभरती है*) साठ पार कर चुके हैं बाबूजी पर उनकी ठसक... ठसक उनकी वही बनी हुई है तीस वाली। (*आवाज़ नर्म पड़ती है*) अरे पन्द्रह साल की ही तो थी जब गौना होकर आई थी इस घर में और बाबूजी... रहे होंगे यही

कोई पच्चीस-छब्बीस के। बस तभी से इस घर को सहेजती-सँवारती रही हूँ। रोज़ सूरज उगने पर बस एक ही काम...

(बहुआ 15-16 साल की वधू बन जाती है। सिर पर हल्का घूँघट करके पुकारती है।)

अम्मा जी...

(कोई जवाब नहीं मिलता तो दर्शकों की ओर देखते हुए ही कहती है।)

शिल्पा तो आई नहीं... अम्मा कौन बनेगा?

धीरज : अब तक आ जाना चाहिए था... ऐसे कैसे चलेगा... सुधांशु भी अब तक...

रोली : (*सिर का घूँघट हटाकर पलटती है*) छोड़ो ना सुधांशु को... पहले कोई शिल्पा बनो।

(पुनः दर्शक दीर्घा की ओर मुख कर घूँघट करती है।)

इरफ़ान : शिल्पा या अम्मा?

रोली : (*खीझकर*) ओहो वही...

धीरज : (*इरफ़ान से*) तू बन इसकी अम्मा।

इरफ़ान : (*दिलफेंक शैली में*) अम्मा क्या हम तो इनके सब कुछ बनने को तैयार बैठे हैं। कोई कहे तो...

(रोली फिर घूँघट हटाकर झल्लाती है।)

रोली : धीरज दा इसे समझा दो... हर वक़्त का मज़ाक़...

इरफ़ान : (*बात काटकर*) मज़ाक़! मज़ाक़ तो ये है कि जब मज़ाक़ नहीं करता तब भी मज़ाक़ लगता हूँ।

धीरज : इरफ़ान... इरफ़ान प्लीज़... डायलॉग बोलो शिल्पा के... (*रोली की ओर*) चलो रोली शुरू करो...

(रोली फिर घूँघट करती है।)

रोली : (*सिर को ढँकते हुए विनोद के साथ स्वगत*) अब मैं पन्द्रह साल की बहू हूँ ना! (*फिर युवा बहुआ बन संजीदगी से पुकार कर*) अम्मा जी... कौन सी दाल बनेगी?

(अम्मा की भूमिका में इरफ़ान पास रखी एक ख़ाली ट्रे उठाकर ट्रे को सिर नवाता है मानो पूजा की थाली हो।)

अम्मा : (*खीझ भरे स्वर में*) अरे बना ले अरहर की।

बहुआ : (*स्वर बुझता है*) अरहर! वो तो कल भी बनी थी।

(अम्मा आँखें तरेर कर देखती है बहुआ को। फिर एक ओर जा काल्पनिक तुलसी को जल चढ़ाती है।)

अम्मा : जय तुलसी माँ... जय तुलसी माँ...

बहुआ : (*स्वर में फिर उत्साह*) साबुत मसूर बना लूँ?

अम्मा : अरे रोज़-रोज़ भारी दाल खिलाकर मारेगी क्या? बदहज़मी हो जाएगी।

बहुआ : (*हल्के स्वर में*) पर उन्हें तो पसन्द है।

अम्मा : हाँ-हाँ पसन्द है! कल की छोकरी... तुझे क्या पता उसे क्या पसन्द है... जना मैंने है कि तूने? कहा न अरहर बना ले।

(अम्मा का प्रस्थान और अब मंच पर इरफ़ान अपने रूप में। बहुआ दोबारा प्रौढ़ा हो गई है।)

बहुआ : *(स्वगत)* बस यही दाल-यही थाली! ज़िन्दगी में मानो कुछ और रहा ही नहीं। अपने मायके भी बस शादी-ब्याह में ही जाती थी... और कुछ साल बाद अम्मा जी के न रहने पर वह भी नहीं... कैसे जाती? मैं जाती तो बाबूजी का ख़याल कौन रखता? घर का क्या होता?

(अचानक रोली धीरज की ओर पलटती है।)

रोली : धीरज दा ये बाबूजी मेरे पति ही हैं ना?

धीरज : रोली प्लीज़ डायलॉग पर कन्सेन्ट्रेट करो।

(रोली पुनः बहुआ बनती है।)

बहुआ : *(एक साँस-सी छोड़कर)* कभी-कभी लगता है मानो जनम ही यहीं लिया हो, इसी छत के नीचे। बाबूजी की मुस्कराहट ही मेरे होंठों पर फैलती रही है... और उनकी मायूसी से सारा घर मायूस! उनकी एक-एक मुस्कान के लिए क्या-क्या नहीं किया... बचपन से इस बुढ़ापे तक! वो रिटायर हुए तब भी क्या कभी लगा कि रिटायर हुए!

(बहुआ अपनी कुछ वर्ष पुरानी स्मृतियों में खो जाती है। धीरज बाबूजी की कलफ़दार चाल में आगे आता है। बहुआ अपना पल्ला सम्भालती है। बाबूजी आते ही एक-दो दंड-बैठक करते हैं। बहुआ एक गिलास लेकर आती है और वहीं खड़ी हो जाती है। इस बीच इरफ़ान एक टिप्पणी करता है जिसे धीरज और रोली सुनकर भी नहीं

सुनते और अपनी-अपनी भूमिका संजीदगी से निभाते हैं।)

इरफ़ान : *(सिर धुनकर)* साला असली रोल ख़ुद मार गया! पति ख़ुद बना! हम टापते रहें!

बाबूजी : *(दंड-बैठक करते हुए)* क्या है... खड़ी क्यों हो?

बहुआ : गर्म पानी में नींबू और शहद घोलकर लाई हूँ।

बाबूजी : *(कड़कदार आवाज़ में मगर हाँफते हुए)* रख दो।

(बहुआ रखती है। फिर तेज़ी से जाती है और कुछ लेकर प्रस्तुत होती है। बाबूजी नींबू पानी पी चुके हैं। पसीना पोंछते हुए) हाँ, बोलो?

बहुआ : लहसुन की दो कच्ची फाँकें।

(बाबूजी लेकर मुँह में रख लेते हैं। ऊपर से बचा हुआ नींबू पानी पीते हैं।)

बाबूजी : आज वो नहीं है?

बहुआ : *(हड़बड़ाकर)* है है... अभी लाई... *(दौड़कर कुछ लाती है)* लीजिए चार पत्ते तुलसी और चार पत्ते सहजन के।

(बाबूजी लेकर मुँह में डालते हैं।)

बाबूजी : *(चबाते हुए)* जानती नहीं हो बरसात आने वाली है। तुमने वो नीम की कोंपलें...।

बहुआ : *(हड़बड़ाकर दूसरे हाथ की तश्तरी आगे करते हुए)* जी नीम की कोपलें पीस दी हैं। टिकिया लीजिए।

बाबूजी : अभी रख दो। नाश्ते से पहले लूँगा। नाश्ते में...

बहुआ : *(तत्परता से)* छुँकी अंकुरित मूँग है।

बाबूजी : मूँग!

बहुआ : जी... मगर दोपहर में दाल क्या बनेगी जी?

बाबूजी : *(पसीना पोंछते हुए)* अरे भई देख लो तुम ही कुछ।

बहुआ : तो अरहर बना लूँ?

बाबूजी : अरहर बनाकर क्या करोगी... खटास करती है।

बहुआ : चने भिगो दूँ? बहुत दिनों से...

बाबूजी : भई चने-वने तो तुम ही खाओ... बच्चे खायें! हज़्म होने में दिक्कत होती है। मेरे लिए तो बस ज़रा सी...

बहुआ : साबुत मसूर?

बाबूजी : *(भौंहें चढ़ाकर देखते हैं)* हूँ...

(बाबूजी प्रस्थान करते हैं। बहुआ अपनी स्मृति से लौटती है। वह फिर उदास है।)

बहुआ : *(स्वगत)* आज भी उनकी बताई साबुत मसूर ही बनी थी मगर... मगर थाली तो वैसी ही धरी रह गई... छुआ तक नहीं उसे बाबूजी ने! *(साँस छोड़ते हुए बैठ जाती है)* वो भी क्या दिन थे... तब छोटा शायद चार बरस का था और बड़ा... रहा होगा कोई पन्द्रह का। बाबूजी अक्सर अपनी बैठक में रहते थे। वो भी दूसरे छोर पर... वो उधर सीढ़ियों के पास। वो कहीं भी रहते अपनी तो बस रसोई थी या उससे जुड़ा छोटा कमरा। रात को अँगीठी पर तवा इस इन्तज़ार में चढ़ता-उतरता रहता कि बाबूजी आयें और खाना खायें। क्या दिन थे वो...

(स्मृतियों में खो जाती है।)

मैं बैठी-बैठी अँगीठी की आँच सँभालती रहती। फिर तवा थोड़ी देर अँगीठी पर रखती... थोड़ी देर नीचे कि गर्म भी बना रहे और जले भी नहीं। तब छोटा फुदकते हुए आता और कहता...

(तभी इरफ़ान छोटे की भूमिका में फुदकते हुए आता है और बच्चों की तरह तुतलाकर बोलता है।)

छोटा : माँ... माँ... बाबूजी खड़े हो गए... खड़ाऊ पहन रहे हैं। *(छोटा वापस जाता है।)*

बहुआ : यह कहकर वह वापस दौड़ जाता देखने कि बाबूजी कहाँ हैं... क्या कर रहे हैं। इधर मैं सतर्क हो जाती। जल्दी-जल्दी रोटी बेलती और तवे पर डालती। बाक़ी थाली तो सामने सजी ही रहती थी।

(छोटा फुदकते हुए फिर आता और अपना सम्वाद बोल वापस चला जाता है।)

छोटा : माँ... माँ... भैया के कमरे तक पहुँच गये हैं।

बहुआ : मैं झट रोटी पलटती। दूसरी बेलने लगती। छोटा वापस दौड़ जाता। मैं रोटी सेंकने लगती। एक निगाह घी की कटोरी पर रखती कि तैयार है ना। तभी छोटा फिर आता।

छोटा : *(खुशी से उछलते हुए)* बाबूजी आ गये... बाबूजी आ गये।

(अचानक इरफ़ान सुधांशु को आता देखता है तो अपनी भूमिका भूल जाता है।)

इरफ़ान : लो भई लो बाबूजी आ गये!

धीरज : इरफान तुम फिर...

(सुधांशु मंच पर पहुँचता है।)

इरफ़ान : यार वो मेरा मतलब था... सुधांशु आ गया।

(रोली उठ खड़ी होती है। रिहर्सल स्थगित होती है।)

सुधांशु : सॉरी यार लेट हो गया।

धीरज : छोड़ यार अब... समझते हैं हम... हो जाता है कभी-कभी...

सुधांशु : क्या हो जाता है?

इरफ़ान : यही कि हॉस्टल के कमरे का दरवाज़ा बन्द हो और फिर खुलकर ही न दे।

सुधांशु : *(झल्लाकर)* देखो... देखो इसका दिमाग़ कहाँ जा रहा है! *(समझाने की शैली में)* अरे यार मैं तो अकेला आ रहा हूँ यूनिवर्सिटी से। उस फड़बाज़ की बैठक में था।

धीरज : फड़बाज़?

सुधांशु : हाँ देवकी नन्दन जी! आर्टिकल देने गया था। जाने कहाँ-कहाँ की सुनाने बैठ गया। तीन-चार लोगों को बैठाकर दरबार लगाये रखता है।

इरफ़ान : वो तो उसके कमरे के फर्नीचर हैं। मोटा सोफा, नाटा स्टूल और बीचोबीच रखी एक चमचमाती लिस्पस्कि लगाये मेज़।

सुधांशु : बीच-बीच में कहता भी जाता था कि मेरा मन्त्री जी से अपॉइन्टमेन्ट है... मुझे देर हो रही है। पर वहाँ से हिलने का नाम नहीं!

धीरज : तो फिर शिल्पा कहाँ है?

सुधांशु : मुझे क्या पता... कह तो रहा हूँ कि सीधे अख़बार के दफ़्तर से आ रहा हूँ।

रोली : उसकी तो आज कोई क्लास भी नहीं थी।

इरफ़ान : तो आने दो हम क्लास लेते हैं उसकी।

(सुधांशु कहीं खो-सा जाता है।)

अब तुम कहाँ खो गये...

(इरफ़ान ग़ालिब का एक शेर नाटकीय व हल्के ढंग से पढ़कर उसे छेड़ता है।)

'पर हम ऐसे खोये जाते हैं कि वो पा जाये है!'

रोली : धीरज दा... आपको नहीं लग रहा कि हम समय वेस्ट कर रहे हैं?

इरफ़ान : क्यों जलती हो जानेमन तुम्हारे लिए भी एक पेश है।

(गला साफ़ करता है।)

रोली : *(बीच में टोककर)* प्लीज़ इरफ़ान...

इरफ़ान : बोलो जान!

रोली : धीरज दा रोकिये न इसे।

धीरज : *(विनोद के साथ)* अब मुझे रोकने को कहती हो... जब ख़ुद आगे बढ़ी थीं तब?

रोली : धीरज दा आप भी!

इरफ़ान : यू टू ब्रूटस!

धीरज : *(संजीदा होकर)* भई अब बहुत हुआ! तुम लोग अपना क़ीमती समय यहाँ बिता रहे हो। इसे वेस्ट मत करो। क्या मेरी तरह सालों तक यूनिवर्सिटी में पड़े रहने का इरादा है?

रोली : इरादा तो इसका कुछ ऐसा ही है। तभी तो पीएच.डी. का टॉपिक लिया है 'हिन्दी साहित्य में पशु-पक्षी'। कभी हिन्दी साहित्य के समुद्र में गोते लगाएगा, कभी पशुओं के साथ मैदानों में भटकेगा और कभी पक्षियों के साथ उड़ता फिरेगा... बस पाँच-छह साल तो यूँ ही कट जायेंगे!

इरफ़ान : अरे एम.पी. हैं हम... एम.पी...

रोली : तो?

इरफ़ान : एम.पी.... मध्य प्रदेश नहीं...

रोली : तो मेम्बर ऑफ़ पार्लियामेंट?

इरफ़ान : जी नहीं... महा पढ़ाकू!

रोली : *(आश्चर्य से)* क्या! महा पढ़ाकू!

इरफ़ान : हाँ... महा पढ़ाकू... करके दिखा देंगे तुम्हें पीएच.डी. दो ही साल में।

धीरज : भई हम लोग अपने एम से भटक रहें है शायद।

रोली : धीरज दा मैं कुछ कहना चाहती हूँ...

धीरज : कहो।

रोली : मुझे लगता है ये नुक्कड़-नाटक नहीं चलेगा।

सुधांशु इरफ़ान : नहीं चलेगा?

रोली : मेरा मतलब है इसमें वो बात नहीं है कि स्टूडेंट्स को अपील करे।

इरफ़ान : यानी एक्स फैक्टर नहीं है!

रोली : कुछ भी कह लो... पर... माना यह महिलाओं की स्थिति बताता है पर घरेलू स्थितियों की बात करता है जो सीधे हम यूनिवर्सिटी की लड़कियों से नहीं जुड़तीं। इसलिए पता नहीं... वो कितना आइडेंटिफाइ कर पायेंगी ख़ुद को!

इरफ़ान : यार मैं तो कहता हूँ छोड़ो ये फेमिनिज़्म-वेमिनिज़्म... कोई गुल-गपाड़ा करो। बेकार है ये... बहुत हो चुका।

रोली : क्या फेमिनिज़्म? मगर कल तो तुम कैम्पस में कुछ और ही कह रहे थे कि स्त्री शक्ति को आगे लाना है। ब्ला-ब्ला...

इरफ़ान : यार वो कैम्पस की बातें हैं... कहना पड़ता है।

सुधांशु : कितना कमीना है ये!

(रोली अपने नुक्कड़-नाटक की स्क्रिप्ट उठाकर उलटने-पलटने लगती है।)

इरफ़ान : लिबरल एट होम, कन्ज़रविटिव अब्रोड!

सुधांशु : एक के बाद एक कोटेशन छोड़ने की बीमारी तुम्हें भी हो गई!

धीरज : ज़रा उल्टा-सीधा तो देख लिया करो। उल्टी खोपड़ी।

इरफ़ान : उल्टा होने का ही तो ज़माना है। इन्साइड आउट... गोया उल्टी छतरी... गोया पोस्ट मॉडर्निज़्म!

रोली : *(स्क्रिप्ट देखते हुए)* धीरज दा डायलॉग भी कुछ कसने होंगे।

इरफ़ान : क्या पोस्ट मॉडर्निज़्म पर एतराज़ है?

रोली : शट अप! मैं नाटक की बात कर रही थी।

सुधांशु : ये शिल्पा कहाँ है? आई क्यों नहीं अब तक?

धीरज : हाँ वो आये तो उससे स्क्रिप्ट में बदलाव की कुछ बात हो। हमारी स्क्रिप्ट राईटर तो वही है।

इरफ़ान : चलो यार जब तक वो आये एक चाय तो मारो।

सुधांशु : यार बड़ी बम्बइया हिन्दी बोलने लगे हो।

इरफ़ान : क्यों भई *(नाटकीय ढंग से)* हम हमारे देश के बारे में जानते ही कितना हैं? तुम तुम्हारा काम करो– ये कौन-सी हिन्दी है?

सुधांशु : क्या मैं ऐसे बोलता हूँ?

इरफ़ान : मैंने कब कहा! पर हमारी फिल्में और सीरियल तो यही हिन्दी चला रहे हैं।

रोली : बस चल पड़ा ये अपनी शुद्ध हिन्दी की सड़क पर। हिन्दी साहित्य में पीएच.डी. जो कर रहा है।

इरफ़ान : ऐ... सोशिऑलजी...

धीरज : देखो भई सब्जेक्ट्स पर कोई बात नहीं होगी। नो पर्सनल अटैक्स।

इरफ़ान : यार सब्जेक्ट्स कब से पर्सनल हो गये?

धीरज : चलो पर्सनल न सही, पार्टी पॉलीटिक्स तो है ही। यूनिवर्सिटी में रोज़-रोज़ क्या अखाड़ेबाज़ी नहीं होती?

इरफ़ान : कहते तो ठीक हो... पर अखाड़ेबाज़ी कहाँ नहीं है? हर सब्जेक्ट में है। किस सब्जेक्ट में क्या पढ़ाया जाये क्या नहीं... इसमें भी पॉलीटिक्स है।

सुधांशु : वही हाल है– संडे हो या मंडे रोज़ खाओ अंडे! दूसरी पार्टी आती है तो कहती है अंडे खाते ही दिल की धड़कन बढ़ जाती है इसलिए सारे अंडे उठाकर अरब सागर में फेंक दो। साहब अंडे फेंक दिये जाते हैं। पर पुरानी पार्टी के लौटते ही अंडों के झंडे... चारों ओर अंडों के झंडे...

रोली : हाय! क्या याद दिला दिया!

इरफ़ान : इसे ज़रूर आमलेट याद आया होगा।

रोली : हाँ आया तो?

इरफ़ान : तो कुछ नहीं... अभी हाज़िर करता हूँ मेरे आक़ा... यार धीरज चाय तो पिला।

रोली : क्या धीरज भाई आप भी बस!

इरफ़ान : *(रोली को चिढ़ाकर)* हाँ, नहीं तो बस!

रोली : धीरज दा इस पीएच.डी. में कुछ नहीं रखा। ये बोर्ड जो यूँ गिरा पड़ा है। अगर आपने उसे सीधा टाँगकर मोटर गराज खोल ही ली होती तो आज हम चाय के साथ आमलेट भी खाते! दो-दो अंडों का आमलेट!

धीरज : तुम कुछ ज़्यादा ही एन्टरप्राइज़िंग होती जा रही हो रोली। हमसे क्या-क्या उम्मीदें रखती हैं आप?

रोली : वन्स अपॉन ए टाइम जब मैं कॉलेज में पढ़ती थी।

इरफ़ान : वो श्रीमती मूँगफली देवी कॉलेज!

रोली : चुप रहो! धीरज दा वहाँ हमारी एक परमानेंटली टेम्परारी लेक्चरर ने एक प्ले स्टेज करवाया था – 'साहित्य मरम्मत की दुकान!' चलो वही खोल लेते हैं।

सब एक साथ : साहित्य मरम्मत की दुकान!

रोली : हाँ भई बाक़ायदा नाटक खेला गया था। क्या सिचुएशन थी! *(अभिनय करके)* एक कमसिन कुमारी उस साहित्य मरम्मत की दुकान में अपने कॉलेज के लिए एक कॉमेडी माँगने जाती है।

इरफ़ान : क्या किराये पर? कॉस्ट्यूम्स की तरह?

रोली : दुकानदार पुराने जूतों की तरह उसे एक फटा-पुराना ट्रेजडी प्ले पकड़ा देता है। कमसिन कुमारी कॉलेज आती है तो प्रिंसिपल ऐसा रुआँसा नाटक देखकर बिदक जाती है। कहती है कि अब इतने देवदास स्टाइल आँसू किससे बरदाश्त होंगे! कोई फड़कता-सा कॉमेडी लाओ जिसमें आड़े-तिरछे दो-दो अर्थों वाले सम्वाद हों।

सुधांशु : जिस पर रिकार्डेड हँसी की तरह हँसी के गोल-गप्पे फूटें?

रोली : जी हाँ... बेचारी कमसिन कुमारी दुकानदार के पास फिर पहुँचती है और कॉमेडी-कॉमेडी का हल्ला मचाती है तो दुकानदार परेशान हो उठता है।

इरफ़ान : काश कि मैं साहित्य मरम्मत की दुकान का मालिक होता तो कहता, "यंग लेडी परेशानी क्या है! जब आप इस सीरियस नाटक को खेलेंगी तो ये ख़ुद-ब-ख़ुद कॉमेडी नज़र आएगा!"

(सब हँसते हैं।)

सुधांशु : यार वैसे ये साहित्य मरम्मत की दुकान का आइडिया अच्छा है! ब्रिलियेन्ट! काश ऐसा होता!

रोली : *(उत्साहित स्वर में)* हाँ... तब हम अपने इस नाटक को तो लगे हाथ ठीक करवा ही लेते। चुटकियों में इसका मूड बदल जाता।

इरफ़ान : मूड क्यों पूरा विषय ही। गाड़ी का इंजन। नाम हो बाबूजी की

थाली और अंदर हो कोई अलमारी या फिर एक मोटी-सी गाली!

सुधांशु : साहित्य मरम्मत की दुकान... जैसे मोची की दुकान! पुराना जोड़ी जूता... च... च... मेरा मतलब है नाटक ले आओ। ठोक-पीटकर मरम्मत करवा लाओ। पैरों में डालो और सड़क पर चल निकलेगा।

रोली : पैरों में डालो? क्या नाटक?

सुधांशु : नहीं मेरा मतलब जूता... नहीं नहीं मतलब...

धीरज : बंद करो ये सब।

इरफ़ान : क्या साहित्य मरम्मत की दुकान?

धीरज : हाँ वही तुम्हारी मोची की दुकान... लो चाय आ गई।

(चायवाले लड़के का प्रवेश।)

चायवाला : धीरज भाई... ऊपर वाली भाभी पूछ रही है कि कब आओगे?

धीरज : *(घड़ी देखकर स्वगत)* अभी तो समय लगेगा *(चायवाले से)* कह दे देर हो जाएगी... आठ बजे तक।

चायवाला : ठीक है कह दूँगा... आठ बजे तक।

(चायवाले का प्रस्थान।)

सुधांशु : *(धीरज से)* दुनिया भर की क्लास लेते हो। अपनी कहो– ये भाभी का क्या किस्सा है?

धीरज : यार एक शब्द पकड़ लेते हो। भाभी है सलोनी की माँ।

इरफ़ान
रोली : सलोनी? कौन सलोनी?

धीरज : ऊपर वाली भाभी की बेटी।

सुधांशु : *(छेड़ने के अन्दाज़ में)* भाभी की बेटी या... भाभी कि बेटी?

इरफ़ान : या फिर भाभी और बेटी!

धीरज : तुम लोग भी बस... यार आज पहली बार जाऊँगा।

इरफ़ान : ओफ़्फ़ो! पहली बार!

रोली : प्लीज़। एनफ़ इज़ एनफ़! धीरज दा के बारे में कोई ऐसा सोच भी कैसे सकता है!

इरफ़ान : क्यों संन्यासी है क्या?

(रोली उसे आँखें तरेरकर देखती है।)

माना कि हमसे सीनियर हैं। पीएच.डी. सबमिट कर चुके हैं और हमने अभी मैदान में क़दम ही रखा है पर... इतना भी सातवें आसमान पर मत चढ़ाओ।

सुधांशु : सातवें आसमान को छोड़ो दूसरी मंज़िल की बात करो। ये ऊपरवाली भाभी क्या है? या फिर सलोनी!

धीरज : अरे यार कैसे बताऊँ... मान लो कि अभी-अभी मैंने एक ट्यूशन पकड़ी है। ऊपर वाली भाभी सलोनी की माँ है।

सुधांशु : और सलोनी?

इरफ़ान : अब ये कहेगा ऊपर वाली भाभी की बेटी और कुछ नहीं।

धीरज : सलोनी बच्ची है यार! सिर्फ़ दसवीं में है।

रोली : छोड़ो ये सब... बहुत हुआ।

इरफ़ान : यार टाइमपास ही तो कर रहे हैं... तुम बताओ क्या करें?

सुधांशु : मुँह पर उँगली रखकर शिल्पा का इन्तज़ार।

रोली : *(इतरा कर)* नहीं... मुझे भूख लगी है।

इरफ़ान : भूख!

रोली : हाँ समोसे की भूख!

इरफ़ान : ये तुम्हें हमेशा समोसे-कचौरी या रोटी-चावल की ही भूख क्यों लगती है?

रोली : क्या मतलब?

धीरज : *(टोकते हुए)* इरफ़ान!

(इरफ़ान चुप हो जाता है। नाटकीय ढंग से मुँह पर उँगली रखता है।)

सुधांशु जब तक शिल्पा आये तुम बाहर हलवाई से समोसे क्यों नहीं ले आते?

सुधांशु : आइडिया अच्छा है।

(खड़ा हो जाता है। पीछे पैन्ट की जेब में रखे पर्स पर हाथ रखकर)

क्या साथ में जलेबी?

रोली : नहीं। मैं मीठा नहीं खाती।

इरफ़ान : *(रोली को चिढ़ाते हुए सुधांशु से)* यार ये माइनॉरिटी कुछ ज़्यादा ही हावी हो गई है। जो कहे मान ले वरना .ख़ैर नहीं।

सुधांशु : ठीक है दस समोसे ही लाता हूँ।

(सधांशु का प्रस्थान।)

रोली : धीरज दा *(इरफ़ान की ओर संकेत करके)* इससे कहो न... चाय बनाये।

इरफ़ान : चाय! अभी तो पी है।

रोली : वो अच्छी नहीं थी... मीठा काढ़ा था।

धीरज : इरफ़ान देखो अन्दर कुछ दूध है कि लाना है?

रोली : लाना कुछ नहीं है... होगा तो ठीक है वरना इरफ़ान तो बिना दूध की चाय भी बहुत बढ़िया बनाता है।

इरफ़ान : अच्छा जी... तो फ़्यूचर में भी यही इरादे हैं क्या? मेरे हवाले शायद मेमसाहब का किचन ही रहेगा।

रोली : *(इरफ़ान को ठेलकर)* उठो ना... समोसे आते होंगे।

इरफ़ान : एक शर्त पर।

रोली : क्या?

इरफ़ान : तुम्हें भी उतनी देर किचन में रहना होगा।

रोली : मंज़ूर है।

(दोनों उठकर अन्दर जाने लगते हैं तो दूसरी ओर से एक वृद्धा का प्रवेश।)

वृद्धा : धीरज बेटा... धीरज...

धीरज : अरे नानी अम्मा आप!

वृद्धा : अरे मैंने सोची तेरे तो आठ जाने कब को बजेंगे... तो एक बार मैं भी कह आऊँ।

धीरज : नहीं नहीं... कहने की क्या बात है... मैं आऊँगा... अभी ज़रा मेरे दोस्त...

(वृद्धा आकर बैठ जाती है।)

वृद्धा : हाँ, हाँ तेरे दोस्तों को भी ख़ूब अच्छी तरह जानती हूँ... छज्जे पर बैठी अक्सर तुम्हारी रामलीला देखूँ हूँ।

धीरज : *(हँसकर)* रामलीला! हा हा हा...

वृद्धा : तू भी बड़े जीवट का लड़का है। ज़िन्दगी कहाँ से कहाँ ले आई तुझे... पर तूने भी हार नहीं मानी।

धीरज : नानी अम्मा बताओ क्या सेवा करें आपकी।

वृद्धा : सेवा भी कराऊँगी... खूब कराऊँगी... अरे गोदी खिलाया है तेरी

माँ को मैंने... प्रभु उसे सुरग दे... नरक तो बिचारी भोगकर ही सिधारी यहाँ से। तेरे नाना-नानी ने माँ-बाप की तरह पाल-पोस कर बड़ा किया तुझे।

धीरज : हाँ नानी अम्मा।

वृद्धा : तेरी माँ का घरवाला दूसरी करके बैठ गया और तेरे दोनों मामा ऐसे सपूत निकले... कभी कोई ज़िम्मेदारी तो सँभाली नहीं... नाना ने जो एक मकान बनवाया उनकी आँख मुँदते ही उसकी ईंटों के लिए सिर फोड़ने लगे। बसे-बसाये घर में ताला लगवा कर ही दम लिया। अरे ये मरा ताला कब टूटेगा?

धीरज : दीवानी मुकदमे इतनी जल्दी कहाँ सुलझते हैं!

वृद्धा : हाँ भइया... एक पुश्त मर-खप जाये तब जाकर फैसले होते हैं जायजाद के तो। इस गम में तेरी नानी भी चल बसीं। भली आत्मा थी। जग हँसाई बरदाश्त न कर पाई।

धीरज : आप ही तो कहती हैं कि जीना-मरना ऊपर वाले के हाथ में होता है।

वृद्धा : सो तो है... शुकर है परमात्मा का कि तेरे रहने के लिए एक गराज और आँगन ही सही... कुछ तो बचा... वर्ना तेरे दोनों मामा तो विलायत में बस गये... ये भी न होता तो तू कहाँ जाता!

धीरज : क्यों नानी अम्मा... तब तुम्हारे यहाँ आ जाता!

वृद्धा : *(ख़ुश होकर)* अरे बेटा... वो भी तेरा ही घर है... जब चाहे आजा... अपना ही है तू...

(तभी भीतर से झगड़ते हुए इरफ़ान और रोली का एक-दूसरे के पीछे दौड़ते हुए मंच पर प्रवेश। इरफ़ान आगे है। उसके हाथ में चीनी का पात्र व एक चम्मच है। रोली उसके हाथ से वह पात्र व चम्मच लेना चाहती है।)

इरफ़ान : ये ग़लत बात है...

रोली : इरफ़ान... मुझे दो... मैं कहती हूँ चीनी मुझे दो।

इरफ़ान : कहा ना ग़लत बात है... सरासर ग़लत... अच्छा रुको... सुनो...

(चीनी के पात्र वाला हाथ ऊपर उठाए रखता है जिससे रोली वहाँ तक पहुँच न पाये। रोली उचककर उसे लेना चाहती है पर कामयाब नहीं होती।)

चाय मैं बना रहा हूँ कि तुम?

रोली : तुम... मगर चीनी...

इरफ़ान : अगर-मगर कुछ नहीं... डगर सँभालो अपनी... समझीं।

रोली : *(झुँझलाकर)* इरफ़ान!

इरफ़ान : चाय मैं बना रहा हूँ तो चीनी भी मैं ही डालूँगा... यहाँ आपकी नहीं चलेगी!

रोली : नहीं... चीनी मैं डालूँगी अपने हिसाब से... कह दिया बस!

इरफ़ान : तुम्हें तो मैं छूने भी नहीं दूँगा... तुम्हारे छूते ही चाय मीठा शीरा हो जाएगी। इल्ज़ाम मेरे सिर!

रोली : इरफ़ान प्लीज़ मज़ाक़ छोड़ो... मूड ख़राब मत करो... चीनी दे दो...

(तभी दोनों वृद्धा को देखकर ठिठक जाते हैं और झगड़ा छोड़कर भीतर जाने लगते हैं। वृद्धा पुकारकर रोकती है।)

वृद्धा : अरी सुन...

(रोली उनकी ओर पलटकर देखती है।)

आज तू घूँघट में बहुत जँच रही थी।

रोली : मैं? घूँघट!

वृद्धा : हाँ हाँ... अभी जब थोड़ी देर पहले तुम लोग वो... वो अपनी नौटंकी कर रहे थे।

रोली : *(हँसकर)* अच्छा वो तो मैं बहुआ का रोल कर रही थी।

वृद्धा : बहुआ? कोई लगती है क्या तेरी? माँ है क्या?

रोली : *(हँसकर)* माँ! हाँ... मेरी ही नहीं हम सबकी!

वृद्धा : राम जाने कैसी बातें करते हो!

(इरफ़ान से) पर तूने तो थाल बजा-बजाकर नाक में दम कर दिया था। क्यों बजावे था, थाल पीट-पीटकर?

इरफ़ान : अम्मा लड़की हुई थी ना इसलिए...

वृद्धा : लड़की हुई थी!

इरफ़ान : हाँ... पहले तो लड़के के होने पर ही बजता था ना थाल?

वृद्धा : *(सोचते हुए)* अपने-अपने ढंग हैं... कहीं बच्चा होने पर थाल बजे हैं कहीं लड्डू बँटे हैं... कहीं नाई या नाइन घर-घर जाकर कह आवें।

रोली : पर लड़की पैदा होने पर भी मिठाई बँटती है क्या? हाँ लक्ष्मी

आई... लक्ष्मी आई का हँगामा ज़रूर रहता है! यानी लड़की के जन्म के साथ ही धन की उम्मीद!

वृद्धा : अरे बेटा... क्या लड़का और क्या लड़की! मुझसे पूछ... एक बेटा है... पैसे कमाने ऐसा दुबई गया कि जैसे जनमा ही न था। सालों हो गये... न बीवी-बच्ची की सुध न बूढ़ी माँ की। वो तो भगवान भला करे मेरी बहू का कि बेचारी नेक है। अपने पास रखे हुए है। दो बखत की रोटी मिल जाती है। हारी-बीमारी में पूछ लेती है। वरना बेटा तो मुझे इस भवसागर में अकेला पटक गया कि अम्मा चाहे जी चाहे मर... तेरी किस्मत! चाहे तो सड़कों पर भीख माँग... अब बता क्या तिलक करूँ ऐसे बेटे का! *(कुछ सूँघकर)* अरी गैस पर कुछ चढ़ा रखा है क्या?

इरफ़ान : ओ माई गॉड!

रोली : कहा था मैंने दूध मत उबालो।

इरफ़ान : तुम्हें इंग्लिश टी पिलानी थी।

(दोनों तेज़ी से भीतर जाते हैं। धीरज और वृद्धा हँसते हैं।)

वृद्धा : अच्छी रौनक लगी रहती है तेरे घर पर... *(अचानक गम्भीर स्वर में)* बेटा एक अरज है मेरी।

धीरज : अरे नानी अम्मा ऐसे क्यों कह रही हो? हुक्म करो।

वृद्धा : अरे हुकुम देने लायक तो मेरे बेटे ने मुझे ना छोड़ा पर हाँ... तू भी बेटे जैसा ही है...

धीरज : तो कहो ना...

वृद्धा : भैया तू सलोनी को सँभाल ले... उसके बड़े भाई जैसा है इसलिए कह रही हूँ... उसकी तबीयत कुछ ठीक ना है।

धीरज : क्यों क्या हुआ?

वृद्धा : अरे क्या बताऊँ... सुबह-शाम अनमनी-सी यूँ ही छत पर टहलती रहे है... न पढ़ाई में जी लगे न खाने-पहनने में!

धीरज : अरे! अभी तो बच्ची है वो...

वृद्धा : तेरी नजर में बच्ची होगी पर उस मरदुए ने तो उसे बच्ची ना समझा।

धीरज : कौन? किसने?

(वृद्धा सिर का पल्ला सँभालकर धीरज को पास बुलाती है। धीरज पास आकर बैठता है तो इधर-उधर देखकर सुनिश्चित करती है कि कोई सुन नहीं रहा है।)

वृद्धा : अरे मैं तुझे यही बताने आई हूँ... सोच-सोचकर थकी जाऊँ हूँ कि किससे कहूँ... घर-घर मटियाले चूल्हे... सलोनी बेचारी बदकिस्मत है जो मेरे बेटे के घर जन्मी... अरे उस निकम्मे को अपनी माँ और बीवी तो क्या अपनी बच्ची पर भी तरस न आया। उसकी भी सुध ना ली।

धीरज : इस बात को तो अरसा हो गया... मेरी नानी कभी-कभी ज़िक्र करती थीं।

वृद्धा : हाँ-हाँ उसे तो सब पता थी... मेरी बहू तो घंटों उसके पास आकर बैठा करे थी। पर आँसू पोंछने के सिवा कोई क्या कर सकता था।

धीरज : उनका कुछ भी पता न चला?

वृद्धा : अरे पता ढूँढ़ने ही तो चले थे कि उस निगोड़े नरेन्दर का इस घर में पैर बढ़ा। यूँ तो मेरे बेटे का खास दोस्त था। आता था पहले भी। हमने सोचा यही कुछ मदद कर दे।

धीरज : क्या उन्हें भी कोई ख़बर नहीं थी?

वृद्धा : नहीं बेटा। उसने कुछ एक चिट्ठियाँ यहाँ-वहाँ लिखीं भी। पर कुछ निकलकर नहीं आया। बस यही पता चला कि उसने नौकरी बदल ली। शायद कहीं और को ही निकल गया... जाने किस देस को!

धीरज : हैरानी की बात है!

वृद्धा : हाँ बेटा... इसी चक्कर में वो मरा नरेन्दर घर में आता-जाता रहा। मुझ विधवा के पास क्या धरा था! वो था उस जमा के निशान वाले दफ्तर में।

धीरज : किसमें?

वृद्धा : अरे उसे क्या कहा करें? वो सफेद रंग पर लाल जमा का निशान।

धीरज : *(हँसकर)* अच्छा अच्छा... रेडक्रॉस!

वृद्धा : हाँ... वही। मजबूरी थी... हाथ तंग था सो कभी-कभी वहाँ से बहू के लिए झंडे बनाने का काम ले आया करे था। पिन लगाओ झंडा बनाओ... पिन लगाओ झंडा बनाओ। कर देती थी बहू। कुछ हाथ खुला-सा हो जाता था। डूबत को तिनके का सहारा! बहू की भी क्या उमर थी। सोचा... चलो दो घड़ी किसी के

साथ दुख बाँट लेती है। पर असल में तो मेरे हिये की फूट गई थी। मरद मानस को पहचान न सकी। अब यही अफसोस खाये जाता है।

धीरज : *(बात टालने के अन्दाज़ में)* नानी अम्मा, आप तो सलोनी की तबीयत का हाल बता रही थीं।

वृद्धा : हाँ, हाँ वही तो बता रही हूँ... उस जमा के निशान वाले की नीयत हम नहीं जान पाये। घर में आता-जाता रहता था सो बहू ने भी जाने क्या सोची कि सलोनी को पढ़ाने का जिम्मा भी उसे दे दिया। पर भैया... उसने तो ऐसी मोहिनी फेरी कि बेचारी बच्ची की बुद्धि भ्रष्ट हो गई।

धीरज : क्या मतलब?

वृद्धा : क्या बताऊँ... दोनों माँ-बेटी उसी से... *(कुछ क्षण खामोश रहने के बाद)* जैसे ही बहू को भनक पड़ी फिर होश आया। फट उस मरे को निकाल बाहर किया। वो दिन और आज का दिन सलोनी के दिमाग से वो निकले ही ना है। बताओ क्या करें?

धीरज : क्या उम्र रही होगी उस नरेन्द्र की?

वृद्धा : अरे... बाप की उमर का था वो... बहुत समझाया सलोनी को पर नहीं...

(वृद्धा की आँखें भर आती हैं। तभी अचानक बाहर से किसी के क़दमों की आहट सुनाई देती है।)

धीरज : *(वृद्धा के कन्धे पर हाथ रखकर)* बस नानी अम्मा मैं समझ गया... चिंता मत करो।

वृद्धा : *(आँसू पोंछते हुए)* जाने मेरे मुँह से ये बात कैसे निकल गई... कब से कलेजे में लिये बैठी हूँ... तुझे अपना समझकर कहा है. .. अपने तक ही रखियो... पड़ोस में किसी से ज़िकर...

(इस बीच सुधांशु का समोसे लिए प्रवेश।)

सुधांशु : *(घोषणा करते स्वर में)* गर्मागर्म समोसे हाज़िर हैं।

(भीतर से रोली का मंच पर प्रवेश।)

रोली : हुर्रे समोसे आ गए!

(इरफ़ान का ट्रे में चाय लिए मंच पर प्रवेश।)

इरफ़ान : चाय गरम...

वृद्धा : *(उठते हुए)* चलती हूँ बेटा... तुम लोग अब खाओ-पियो।

इरफ़ान : अरे अम्मा कहाँ चलीं? समोसे खाकर जाना।

वृद्धा : अरे बेटा मुझ बुढ़िया के न मुँह में दाँत न पेट में आँत! समोसे क्या खाऊँगी! तुम्हारी उमर है... खाओ-पियो... प्रभु कृपा बनाये रखियो।

(वृद्धा का प्रस्थान। सब बैठकर समोसे खाते हैं। इरफ़ान केतली से चाय प्यालों में डालता है।)

रोली : *(समोसा खाते हुए)* आउच... बहुत गर्म है।

इरफ़ान : *(हथेली पेश करके)* प्लेट हाज़िर है।

रोली : ये प्लेट तो ऐसी है कि समोसा ही खा जाएगी। थैंक्स अ लॉट।

(इरफ़ान धीरज की ओर चाय का प्याला बढ़ाता है तो उसे खोया-खोया सा पाता है।)

इरफ़ान : *(धीरज से)* यार गर्म समोसे तो हँसकर खाये जा सकते हैं।

धीरज : हाँ हाँ...

इरफ़ान : अब कौन-सा बोझ सिर पर लादकर बैठ गये आप?

धीरज : दुनिया में सबसे मुश्किल है इन्सानी रिश्तों को समझना।

रोली : धीरज दा कहीं आप भी नाटक तो नहीं लिखने लगे?

सुधांशु : *(धीरज से)* कौन थीं ये?

धीरज : सामने ही रहती हैं।

इरफ़ान : ओ आई सी! कहीं सलोनी की...

धीरज : हाँ सलोनी की दादी।

सुधांशु : क्या कह रही थीं?

धीरज : यही कि वो बच्ची है... सिर्फ़ दसवीं में है। अभी-अभी रिज़ल्ट निकला है। फेल हो गई है दसवीं में।

(सम्वाद के अन्तिम वाक्य पर शिल्पा का प्रवेश।)

शिल्पा : तुम्हें कैसे मालूम? किसने बताया?

(सब उसकी ओर हैरानी से देखते हैं।)

धीरज : क्या?

शिल्पा : कि वो दसवीं में फेल हो गई?

रोली : तुम किसकी बात कर रही हो? आर यू ओ.के. शिल्पा?

(शिल्पा चिन्तित-सी है। वह बैठती है। सब उसे देख गम्भीर हैं।)

धीरज : शिल्पा... क्या बात है?

शिल्पा : *(भारी स्वर में)* हाँ ये सच है... वो दसवीं में फेल हो गई है... दूसरी बार भी...

सुधांशु : *(पास आकर)* प्लीज़ लेट मी अंडरस्टैंड। तुम किसकी बात कर रही हो?

(शिल्पा जवाब नहीं देती।)

रोली : किसकी बात कर रही हो तुम?

शिल्पा : मेरे नाटक की नायिका।

धीरज : तो अब आप एक नया नाटक लिख रही हैं! पुराने को कौन समेटेगा?

इरफ़ान : भई हम तो नुक्कड़ की बुकिंग भी कर चुके हैं।

रोली : मज़ाक़ छोड़ो यार... कैंटीन में तो पोस्टर लगा ही चुके हैं।

धीरज : शिल्पा पंचों की राय ये है कि तुम्हारा नुक्कड़-नाटक कुछ ज़्यादा डायरेक्ट हो रहा है।

सुधांशु : तुम भूल रहे हो, दो बार तुम उसे अपने हिसाब से ठीक करवा चुके हो।

इरफ़ान : अब तो दुकान यहीं बैठी है... जितनी चाहे मरम्मत करवा लो!

रोली : इरफ़ान शिल्पा को चाय दो। *(समोसे की प्लेट पेश करते हुए)* समोसा...

शिल्पा : नहीं... मन नहीं है।

धीरज : *(सुधांशु से)* पर अन्त में कुछ भाषणबाज़ी हो रही है... ये तो तुम मानोगे?

सुधांशु : तो तुम क्या नॉन सीरियस चुहल को नाटक कहते हो?

रोली : ट्रेंड तो कुछ ऐसा ही है!

धीरज : *(ग़ुस्से को दबाकर सुधांशु से)* रिहर्सल हमने की है आज। आप तो दरबार में थे। बैकग्राउंड तो आपको कुछ पता नहीं है।

सुधांशु : *(ग़ुस्से से)* एक दिन लेट क्या हो गया कि तुम लोगों ने उसे इशू बना दिया!

शिल्पा : *(खड़े होकर घोषणा करते स्वर में)* प्लीज़ प्लीज़... ये बहस बन्द कीजिये।

(सब चुप)

हम ये नुक्कड़-नाटक नहीं करेंगे।

इरफ़ान : *(बात को सँभालने के अन्दाज़ में)* प्लीज़ डोन्ट टेक इट अदरवाइज़। अनुवाद की भाषा में अन्यथा न लें। हम ये कह रहे थे कि...

शिल्पा : *(बात काटकर)* कह मैं भी कुछ रही हूँ... सुनेंगे? कोई सुनेगा?

(सब चुप)

इरफ़ान : *(शिल्पा से)* लो पहले समोसा लो।

शिल्पा : *(इरफ़ान की बात अनसुनी करके)* मेरे मन में आजकल कुछ और चल रहा है।

रोली : *(उत्साहित स्वर में)* क्यों न हम अपने नुक्कड़-नाटक में लड़कियों से जुड़ी समस्या...

शिल्पा : हर बार ये नुक्कड़-नाटक ही क्यों?

रोली : क्योंकि हम लोगों में लड़कियों से जुड़ी समस्या...

शिल्पा : *(बात काटकर)* लड़कियों से जुड़ी समस्या के बारे में जागरूकता लाना चाहते हैं... उन्हें सन्देश देना चाहते हैं... चेतना... अवयेरनेस...

सुधांशु : शिल्पा!

शिल्पा : संदेश क्या सिर्फ़ नुक्कड़-नाटक ही दे सकता है? वो भी... वो भी थाल बजा-बजा कर?

इरफ़ान : *(हौले से)* पर लिखा तो वो तुम्हीं ने है।

(फिर शिल्पा का मूड देख, मुँह पर उँगली रख बैठ जाता है।)

शिल्पा : *(अपनी बात में खोई हुई-सी)* जागरूकता क्या नुक्कड़ पर बिकने वाली मूँगफली है जिसे मंच पर ले जाना मना है!

रोली : तुम कहना क्या चाहती हो?

शिल्पा : मैं कहना चाहती हूँ कि मैं एक नये प्लॉट पर काम कर रही हूँ और इस बार वह नुक्कड़-नाटक कतई नहीं है। पर अपनी बात तो किसी न किसी तरह वो भी पहुँचाता ही है। *(उत्तेजित स्वर में)* मैं चाहती हूँ... चाहती हूँ कि झकझोरकर... हिलाकर रख दे वो दर्शकों को *(सब शिल्पा को एकटक देखते हैं तो वह स्वर को सँभालती है।)* हम... हम उसे ही मंचित करेंगे इस बार।

सुधांशु : हैव अ आर्ट यार... कुछ रहम करो हम पर!

रोली : भई तुम्हें जो संदेश जैसा देना हो दे देना पर मैं दस दिन के अन्दर बिल्कुल नए डायलॉग्स नहीं रट सकती। मुझे वैसे भी मैमरी प्लस की ज़रूरत है।

इरफ़ान : इसमें क्या शक है!

धीरज : प्लीज़ बी सीरियस।

शिल्पा : सच बात यह है कि मैं अपने नये प्लॉट में कुछ इतना इनवॉल्व हो गई हूँ कि फ़िलहाल किसी दूसरे नाटक या नुक्कड़-नाटक... किसी को भी जी नहीं पाऊँगी।

इरफ़ान : क्या बात है! टेक इट और लीव इट! आप तो निर्वाण की अवस्था में चली गई हैं!

सुधांशु : यार तुमने तो बहुत जल्दी गियर बदल लिया और तेज़ी से दूसरी सड़क पर निकल गईं। हम कहाँ जायें? अपनी-अपनी पीएच. डीज़ के साथ ये सम्वादों के पहाड़े क्या रोज़ बदलेंगे?

(शिल्पा सकुचाई, झेंपी, चुप।)

धीरज : लेट अस गिव हर अ पेशेंट हियरिंग। शिल्पा पहले चाय लो फिर बताना कि क्या चल रहा है तुम्हारे मन में?

शिल्पा : मेरे मन में... मेरे मन में आजकल एक इमेज... एक बिम्ब चल रहा है। अफ्रीका के जंगलों में एक पेड़ पाया जाता है। रक्तपायी पेड़... .ख़ून चूसने वाला पेड़। जो भी उसके साये में आता है वह झुककर उसे साया देने की आड़ में उसका ख़ून पी लेता है। .ख़ून चूस लेता है।

सुधांशु : ये तथ्य है या कल्पना?

(शिल्पा जवाब नहीं देती।)

इरफ़ान : ये मामला तो और भी ज़्यादा सीरियस होने लगा... *(नाटकीय अन्दाज़ में)* अरे कोई है? एक कड़क चाय और पेश की जाये।

(सुधांशु धीरज को संकेत करता है कि पैक अप करो।)

धीरज : मुझे लगता है कि आज की सभा विसर्जित की जाये।

(शिल्पा कुछ खोई-सी उसे देखती रह जाती है।)

रोली : शिल्पा तुम आज बहुत टेंस हो। तुम्हें आराम की ज़रूरत है।

इरफ़ान : पता नहीं टेंस या इनटेंस!

सुधांशु : अब छोड़ो भी। इस बारे में कल ही बात की जाये तो अच्छा

रहेगा। *(शिल्पा से उसके कन्धे पर हाथ रखकर)* वैसे तुम सोच लेना... जो भी होगा हम सब तो साथ हैं ही।

(शिल्पा उसके सहयोग के लिए उसे आभार की दृष्टि से देखती है।)

शिल्पा : तो फिर आज मैं चलती हूँ।

रोली : ये क्या बात हुई? अभी तो आकर बैठी हो... और ये समोसा?

शिल्पा : मैं तो वैसे ही... मेरा मतलब है रिहर्सल के लिए नहीं आयी थी।

रोली : जब आ ही गयी हो तो...

धीरज : *(रोली को हाथ के इशारे से चुप होने को कहते हुए)* इट्स ओ. के. शिल्पा।

(शिल्पा प्रस्थान के लिए अनमनेपन से अपनी सैंडिल पहनती है।)

सुधांशु : शिल्पा रुको... मैं साथ चलता हूँ... शिल्पा...

शिल्पा : नहीं मैं चली जाऊँगी।

सुधांशु : शिल्पा... रुको तो... शिल्पा...

(शिल्पा का प्रस्थान।)

इरफ़ान : यार आप-आप को तुम सभी ट्रेजिडी किंग बने फिरते हो पर असल में हो कॉमेडियन!

(सुधांशु बात समझ न पाने की वजह से उसकी ओर देखता है।)

साले वो निकल गयी... तू लपककर पकड़ नहीं सका। कहे देता हूँ... एक दिन हाथ से निकल जाएगी।

सुधांशु : ये कभी नहीं बदलेगा।

धीरज : *(गंभीर स्वर में)* सब कुछ बदल जाता है, वक़्त-वक़्त की बात होती है। यह झूलता हुआ बोर्ड कभी आकाशदीप का काम करता था इस मकान के लिए! पर आज...

(सब बोर्ड की ओर देखते हैं।)

अंक दो

[*विश्वविद्यालय के किसी बाग़ में बैठी शिल्पा कुछ लिखने में व्यस्त है। तभी अचानक खड़ी होकर अपनी कॉपी से कविता की कुछ पंक्तियाँ पढ़ती है।*]

शिल्पा : शब्द...
मेरे आँगन की गौरैया
मिली थी मुझे उठते-गिरते
घुटनों चलते
फुदकी थी कन्धे पर मेरे
शब्द... हाँ शब्द...

हाँ यही कविता... यही... पार्श्व से सुनायी देगी। दूसरे अंक में जब नायिका फटी... चिन्दी-चिन्दी हो चुकीं किताबों से घिरी बैठी होगी। उसके हाथ में आख़िरी किताब के फटे पन्ने होंगे। किताबें फाड़-फाड़ कर वह थक चुकी होगी। लगभग हाँफती-सी वह अपने हाथों में थामे फटे पन्नों के शब्दों को देख रही है। लगातार... एकटक... यूँ *(बैठने का अभिनय कर)* यूँ... यहाँ... ऐसे... और तभी पार्श्व से कविता सुनाई देगी। कैसी लगेगी? पढ़कर देखूँ?

(भावपूर्ण शैली में कविता पढ़ती है।)

शब्द
मेरे आँगन की गौरैया
मिली थी मुझे उठते-गिरते
घुटनों चलते
फुदकी थी कन्धे पर मेरे

शब्द... हाँ शब्द...

शब्द
माँ का नर्म गाल
वार हो तो ढाल

शब्द
ठिठुरती सर्द रात में
अकेले कहीं फुटपाथ पे
आँच सेंकता बेघर

वही शब्द है आज
सीने में धधकती आग
काई पर की फिसलन
रिश्तों में ज़िन्दा मातम

जेठ की दुपहरी में
भूखे-ख़ाली पेट पर
रोटी की जगह लू

ओ शब्द...
जी चाहता है करूँ
ख़ारिज तुझे जीवन से
चेहरा बिगाड़ दूँ तेरा
हाथ-पाँव अलग-अलग

थामे मन मुट्ठी में
बढ़ती हूँ तेरी ओर
फिसलता है वो मन अचानक

झिर्रियों से उँगलियों की
करता घना शोर–

यही है वो शब्द जिसने
थामा था कभी तेरा हाथ
हाय नन्हा वो तेरा हाथ
आस्था से भरा साथ।

(कविता के समाप्त होने पर सुधांशु का प्रवेश। शिल्पा को देख ठिठककर रुक जाता है।)

सुधांशु : मेरा अन्दाज़ा सही था... यहीं मिलीं आखिर तुम।
(पास आकर बैठता है।)
कैसी हो?

शिल्पा : *(अचकचाकर)* ठीक हूँ... बस वो नाटक...

सुधांशु : जानता हूँ लेखन में व्यस्त हो... पर इन पाँच दिनों में तुम्हें मेरी ज़रा-सी भी याद नहीं आई? ख़याल भी नहीं?

शिल्पा : असल में मैं यूनिवर्सिटी आ ही नहीं पाई... घर पर ही थी।

सुधांशु : जानता हूँ... यूनिवर्सिटी का चप्पा-चप्पा छानता फिरा हूँ मैं... पाँचों दिन... रोज़... घर पर फ़ोन किया तो आपके श्रीमान पापा ने उठाया। क्या करता रिसीवर रख दिया।

शिल्पा : फ़ोन किया था तो बुलवा लेते... रिसीवर क्यों रख दिया?

सुधांशु : *(साँस-सी छोड़कर)* हँह बुलवा लेता... तुम्हारी हूँ, हाँ सुनने के लिए? ऐसे में कुछ बोल पाती हो... जवाब देती हो तुम? वैसे... वैसे तुम्हारे घर की यह स्थिति मेरी समझ में नहीं आती कि आख़िर ऐसा क्या है...

शिल्पा : *(बात काट कर)* वो छोड़ो ना... अपना-अपना घर अपनी-अपनी स्थितियाँ!

सुधांशु : *(कोमल स्वर में)* मानता हूँ तुम्हारा घर है... पर उस घर में मेरा भी तो कुछ है... मेरी शिल्पा... इस हक़ से तो पूछ ही सकता हूँ...

शिल्पा : सुधांशु मैं तुम्हें हर्ट नहीं करना चाहती मगर...

सुधांशु : *(बात काट कर)* ऐसे कैसे चलेगा शिल्पा... कब तक... ऐसा तो नहीं कि तुम पहली बार कुछ लिख रही हो। पहले भी

लिखती ही रही हो और उस दौरान तुम्हें स्पेस चाहिए होती है... तुम कुछ-कुछ अलग-थलग रहती हो पर इस बार... इस बार बात वो नहीं है...

शिल्पा : कहना क्या चाहते हो?

सुधांशु : पहले तुम्हें ऐसा कभी नहीं पाया है मैंने। तुम इतनी ऑफ हो कि बस! कहीं खोई रहती हो। मिलते हैं तो लगता ही नहीं कि तुम वही हो। शिल्पा... शिल्पा क्या बात है? घर में कोई टेंशन है?

शिल्पा : नहीं सुधांशु।

सुधांशु : माँ कैसी हैं? क्या उनकी तबीयत की वजह से डिस्टर्ब्ड हो?

शिल्पा : नहीं।

सुधांशु : तो?

शिल्पा : पापा की।

सुधांशु : *(हैरान होकर)* पापा की!!

शिल्पा : *(कहीं खोकर)* मैं इंसान को समझना चाहती हूँ... पुरुष को।

सुधांशु : पुरुष को!! *(मुस्करा कर)* समझ लेना... उम्र पड़ी है।

शिल्पा : रिश्तों के लेबल से अलग पुरुष को।

सुधांशु : हमारे रिश्ते पर भी अभी कोई लेबल तो नहीं लगा।

(शिल्पा उसकी बात नहीं सुन रही है बल्कि अपने विचारों में खोई हुई है।)

शिल्पा : सुनो... कहीं जाकर क्या सब पुरुष एक से होते हैं?

सुधांशु : तुम्हें सबसे क्या? मैं सब जैसा नहीं हूँ... काफ़ी है।

(शिल्पा उसकी ओर गम्भीर होकर ग़ौर से देखती है।)

मैं कह चुका हूँ। मेरे घरवाले तुम्हारे बारे में जानते हैं। मैं उन्हें सब बता चुका हूँ। तीन-चार महीनों की बात है शिल्पा... थीसिस सब्मिट करते ही मैं एक एन.जी.ओ. जॉइन करने वाला हूँ। सब कुछ तय है। मेरा यक़ीन करो फिर तुम जैसा चाहोगी...

शिल्पा : *(अपने विचारों में खोई-सी)* तुम्हें नहीं लगता किसी भी रिश्ते का हम सिर्फ़ उतना ही हिस्सा देख पाते हैं जो हमारी आँखों के सामने होता है या पेश किया जाता है?

सुधांशु : मतलब?

शिल्पा : *(ज़रा दूर हटकर)* जैसे यहाँ से मैं तुम्हारा चेहरा सामने से देख रही हूँ तो कान नहीं दिख रहे। बायाँ कान तो बिल्कुल नहीं।

सुधांशु : शायद हम दोनों दो अलग-अलग बातें कर रहे हैं।

(तभी इरफ़ान और रोली का प्रवेश।)

इरफ़ान : ये लीजिए यहाँ कुंजों में लीला चल रही है! और हम नाटक के लिए बेहाल भटक रहे हैं... अपने नाटककार को खोजते हुए।

रोली : क्या यार शिल्पा... तुमने बहुत बोर कर रखा है। पहला नाटक लटका दिया...

इरफ़ान : अजी धूप में... तार पर... चिमटी लगाकर।

रोली : दूसरे का अता-पता नहीं... डिसाइड यार।

इरफ़ान : कहाँ रहती हो तुम?

रोली : कम ऑन शिल्पा कम आउट ऑफ इट... यार तुम लिटरेचर वालों के साथ ये बड़ी दिक़्क़त है। फ़िलॉसोफ़र-से बने घूमते रहते हो। खोये-खोये से। अगर हिन्दी लिटरेचर है तो कवि बनना और उर्दू है तो शायर बनना तो पक्का समझो।

इरफ़ान : क्यों भई हम क्या तुम्हें कवि नज़र आते हैं?

रोली : तुम्हें तो ऊपर वाले ने किसी अलग ही पैन से बनाया है... तुम फिलॉसफी में भी होते... तो ऐसे ही होते।

इरफ़ान : ऐसे कैसे?

रोली : जैसे हो और कैसे!

इरफ़ान : एनीवे... तुमसे बाद में बात करेंगे... अभी तो शिल्पा... *(शिल्पा की ओर रुख़ करके)* कुछ बताओगी शिल्पा... अब नया क्या लिख रही हो... यानी लिखने वालों की भाषा में... कुछ बन पड़ा क्या?

शिल्पा : बन नहीं रहा कुछ टूट रहा है।

रोली : प्लॉट क्या है?

शिल्पा : कुछ नहीं बस एक बिम्ब था मन में... वो बिखर गया।

सुधांशु : यानी?

शिल्पा : सुना था लतायें पेड़ से आश्रय पाती हैं। पेड़ अपना सत्व देकर उसका सहारा बनता है। पर ऐसी अभागी लतायें भी होती हैं जिन्हें आश्रय के नाम पर पेड़ निगल जाते हैं।

इरफ़ान : भई बहुत ही ज़्यादा गहरी बातें करने लगी हो तुम। *(सुधांशु से)* सुधांशु यार सँभाल ले।

सुधांशु : *(गंभीर स्वर में)* शिल्पा नाटक पर कुछ खुलकर बात करना चाहोगी?

शिल्पा : *(बचते हुए)* अभी कहाँ... पहले समेट तो लूँ... अभी अन्त भी कहाँ मिला!

रोली : चलो भई हमारी तरफ़ से शो... खोलो पत्ते... अन्त सब मिलकर सोच लेते हैं।

शिल्पा : *(अपनी किताबें समेटते हुए)* अभी कैसे हो सकता है।

इरफ़ान : क्यों हम सब तैयार हैं... प्रॉबलम क्या है?

शिल्पा : लाइब्रेरी की कुछ किताबें लौटानी हैं...

रोली : लौटा देना लंच के बाद।

शिल्पा : नहीं वो... असल में मिस्टर सिंह से एक किताब ढूँढ़ने के लिए कहकर आई थी। लंच से पहले इशू करानी है वर्ना...

इरफ़ान : वर्ना क्या शिल्पा... तुम अवतार सिंह की फ़िक्र न करो... अपना यार है वो तो... जो किताब चाहोगी इशू करवा दूँगा।

शिल्पा : नहीं इरफ़ान... मैंने उन्हें इतनी अरजेन्सी दिखाई थी और अब मैं ही समय पर न पहुँचूँ तो... ठीक नहीं लगता।

सुधांशु : ठीक है। पर कल शनिवार है। कल शाम को तुम धीरज दा के अड्डे पर आओगी और वहाँ हम इस नये नाटक पर बात करेंगे।

शिल्पा : पर अभी तो अन्त भी...

इरफ़ान : कुछ दोस्तों पर भी छोड़ा करो यार...

शिल्पा : चलती हूँ।

इरफ़ान : सुनो...

(शिल्पा पलटती है।)

क्या सुधांशु जैसा थोबड़ा बना रखा है... तुम तो ठीक-ठाक हुआ करती थीं... कुछ मुस्कराओ यार।

(शिल्पा हल्की-सी हँसी हँसकर निकलने लगती है।)

रोली : शिल्पा हमारे कहने पर तो हँसती नहीं हो।

इरफ़ान : *(कॉलर ऊँचाकर)* ऐसा ही है।

सुधांशु : *(पीछे से आवाज़ लगाकर)* शिल्पा कल शाम को तुम आओगी... शिल्पा...

(शिल्पा का प्रस्थान। सुधांशु विचारों में डूबा हुआ-सा)

जब तक अन्त नहीं मिलेगा क्या ये ऐसी ही रहेगी?

इरफ़ान : साले अपनी सोच... मुझे तो लगता है तेरा ही अन्त होने वाला है।

सुधांशु : *(झल्लाकर)* क्या बकवास कर रहा है!

इरफ़ान : बकवास नहीं अक्ल की बात कर रहा हूँ। वो अन्त-अन्त करके चली गई और तू उसके अन्त के चक्कर में आ गया।

सुधांशु : कहना क्या चाहता है तू?

इरफ़ान : तुझे लगता है कि अन्त कोई मसला है?

सुधांशु : यानी?

इरफ़ान : तुझे नहीं लगता कि शिल्पा .ख़ुद एब्सर्ड नाटक का एक पात्र होती जा रही है।

रोली : हमारी नाटक मंडली का क्या होगा?

इरफ़ान : कुछ नहीं जी ठप्प और क्या... फिर वही खोल लेंगे, तुम्हारा वो आइडिया... साहित्य मरम्मत की दुकान!

रोली : वो तो मुझे तुम्हारी मरम्मत के लिए खोलनी ही पड़ेगी।

इरफ़ान : अजी हम तो ठुकने-पिटने को तैयार बैठे हैं।

सुधांशु : *(अपने विचारों में गुम-सा)* मामला उलझता जा रहा है।

इरफ़ान : तो मियाँ सुलझाओ ना।

सुधांशु : देखो इरफान हर वक़्त का मज़ाक़ अच्छा नहीं। ज़िन्दगी सिर्फ़ मज़ाक़ नहीं।

इरफ़ान : ज़िन्दगी सिर्फ़ बिसूरना भी नहीं है। अपना तो यही स्टाईल है। अब तुम्हें कौन समझाए... मुझे तो लगता है कि मामला हाथ से निकलता जा रहा है। तुम्हें तो थीसिस और अख़बारों के दफ़्तरों के फेरे लगाने से .फ़ुर्सत ही नहीं।

रोली : यहाँ मैं इरफान के साथ हूँ। ठीक कह रहा है ये।

सुधांशु : यानी?

रोली : कुछ दिनों से देख रही हूँ शिल्पा जैसे अपने आप में नहीं है।

इरफ़ान : *(सुधांशु से)* तुम ऐसा महसूस नहीं करते क्या?

सुधांशु : करता हूँ... पर करूँ क्या? क्या मैं नहीं जानता वो आजकल क्लासिज़ बंक कर रही है... और उसका घर! उसके घर फ़ोन

करो तो वो बात ही नहीं करती। जवाब में बस हाँ-ना, हाँ-ना... या एक लम्बी चुप्पी!

रोली : मैंने भी महसूस किया है उस घर में कुछ एब्नॉरमल है। कोई भी जाये तो वहाँ बहुत वेल्कम नहीं होता। माँ तो ख़ैर बेचारी सालों से बिस्तर से लगी हैं। शिल्पा और उसकी बहन देखते ही अचकचा-से जाते हैं। उसके पापा भी बस...

इरफ़ान : हाँ, हाँ हो सकता है पर सुधांशु ये सब बहाने हैं बहाने।

सुधांशु : बहाने?

इरफ़ान : यार तुम्हारे मिलने के ठिये और भी तो होंगे। उसे बुलाओ... बात करो।

सुधांशु : जब आँख में कुछ गिर जाये तो उसे रगड़ना नहीं चाहिये। दो-एक पानी के छपके ही काफ़ी होते हैं। रगड़ने से आँख लाल हो जाती है। वहाँ ज़ख़्म भी हो सकता है।

इरफ़ान : अबे रगड़ने की कौन अहमक कह रहा है पर पास जाकर अपने हाथों से पलकें खोलकर प्यार भरी फूँक तो मारी जा सकती है। कभी-कभी कुछ और नहीं, अपनी ही पलकों का बाल चला जाता है आँख में।

सुधांशु : तुम मेरी जगह होते तो क्या करते?

इरफ़ान : जैसे-तैसे उसकी प्रॉबलम समझने की कोशिश करता। जड़ को... प्रॉबलम की जड़ को... और सबसे पहले तो उसे घेरकर धीरज दा के यहाँ लेकर आता। जो तुम कल करोगे... उसे लेकर आओगे... किसी भी तरह...

सुधांशु : मैं? मैं कैसे... कल तो छुट्टी है... उसे घर से आना होगा।

रोली : इसके भरोसे नहीं छोड़ा जा सकता कुछ भी... *(संकल्प के साथ)* कल शाम शिल्पा को मैं लेकर आऊँगी।

सुधांशु : *(उठकर)* देखता हूँ अभी कहाँ है... शायद लाइब्रेरी में ही हो...

(सुधांशु का प्रस्थान।)

इरफ़ान : तो तुमने हमसे अलग होने का बहाना ढूँढ़ ही लिया। *(अभिनय करके)* कल शिल्पा को मैं लेकर आऊँगी!

रोली : *(हँसकर)* आऊँगी तो लौटकर तुम्हारे ही पास।

इरफ़ान : *(ग्रीक नाटकों की शैली में रोली के सामने घुटनों के बल बैठकर याचना की मुद्रा में)* कान्ट यू गो विदआउट लीविंग जान... कान्ट यू गो विदआउट लीविंग...

(रोली मुस्कराकर उसके हाथ पर बन्द मुट्ठी से वार-सा करती है।)

रोली : नाटकबाज़!

अंक तीन

[*धीरज दा के अड्डे पर धीरज, इरफ़ान और सुधांशु तीनों बैठे रोली और शिल्पा का इन्तज़ार कर रहे हैं।*]

इरफ़ान : देख लीजिये धीरज दा आपके नाम पर भी नहीं आई शिल्पा जबकि साथ में एस्कॉर्ट भी है।

धीरज : लगता है समस्या गम्भीर है।

सुधांशु : धीरज दा वो तो अच्छा हुआ कि मैं उसके पीछे-पीछे लाइब्रेरी चला गया।

धीरज : क्या शिल्पा सच में लाइब्रेरी गई थी?

सुधांशु : हाँ... मैं वहाँ पहुँचा तो देखा कि किताबें वापस करने के बजाय वो वहीं एक रीडिंग टेबल पर किताबों के गट्ठर पर सिर टेके बैठी थी।

इरफ़ान : तो क्या अवतार सिंह से किताब इशू कराना बहाना था?

धीरज : बी सीरियस... उसे ख़ुद नहीं मालूम होगा कि वह कहाँ ड्रिफ्ट करती जा रही है।

सुधांशु : बिल्कुल ठीक कहा... मैंने वो गट्ठर उठाया... किताबें वापस कीं और उसे बाहर कैन्टीन की तरफ़ ले गया। वहीं कैन्टीन के पीछे पत्थरों पर बैठकर उसे कॉफी पिलाई और कुछ बातें कीं।

इरफ़ान : *(बेसब्री से)* आगे बढ़... कहा क्या?

सुधांशु : कहा क्या?! बैठे-बैठे गश आ गया। बुरी हालत थी उसकी... जैसे कोई नींद में चल रहा हो।

धीरज : ये नया नाटक क्या उसकी कोई पर्सनल प्रॉबलम है?

सुधांशु : ऐसी तो कोई बात नहीं... पर शिल्पा कह रही थी कि उसके पड़ोस की किसी सहेली ने उसे अपनी छोटी बहन की एक डायरी दी है... उसे लेकर शिल्पा बहुत अपसेट थी।

धीरज : यानी ये नाटक उस डायरी पर बेस्ड है?

सुधांशु : है तो कुछ ऐसा ही।

धीरज : अभी सब कॉन्सेप्ट के लेवल पर ही चल रहा है कि कुछ लिखा भी है?

सुधांशु : शुरूआत हो चुकी है। बहुत एक्सटेंसिव नोट्स हैं उसके पास... सम्वाद सहित सुना है मैंने।

धीरज : तो और क्या चाहिए!

सुधांशु : अन्त... जो नहीं है अभी।

धीरज : ओ!

इरफ़ान : अरे तो कर लेंगे मिलकर। साहित्य मरम्मत की दुकान का शुभारम्भ इसी नाटक से सही।

धीरज : *(गम्भीर स्वर में)* सही मायने में अन्त ही है जो आरम्भ का रंग तय करता है। अख़बारी भाषा में हर घटना इनवर्टिड पिरामिड है... सुधांशु तुम कुछ बताओगे नाटक के बारे में?

सुधांशु : *(अचकचाकर)* शिल्पा आती होगी। रोली उसे ज़रूर लेकर आएगी।

धीरज : तुम कुछ टाल रहे हो... अरे हम लोग बैठे-बैठे टाइम वेस्ट ही तो कर रहे हैं... सुनाते क्यों नहीं?

इरफ़ान : *(विनोद के साथ)* हाँ कुछ वातावरण निर्माण तो हो। विद एक्शन सुनाओगे या विदाउट एक्शन?

सुधांशु : *(गम्भीर स्वर में)* मुझे लगता है हमें शिल्पा का इन्तज़ार करना चाहिये।

इरफ़ान : मियाँ अब इतना भी क्या झिझक रहे हो... वैसे भी शिल्पा कोई एतराज़ थोड़ी करेगी... खेलना तो हमीं को होगा।

सुधांशु : कौन जाने! किस हद तक खेल पाएँगे उसे।

इरफ़ान : क्या मतलब?

धीरज : सुधांशु तुम बात को बेवजह खींच रह हो। शिल्पा ने तुम्हें क्या सुनाया?

(सुधांशु खामोश रहता है।)
मैं पूछता हूँ शिल्पा ने तुम्हें क्या सुनाया?

सुधांशु : *(खड़ा होकर)* ये नाटक हम नहीं खेल पाएँगे। हमें अपने नुक्कड़-नाटक पर काम जारी रखना चाहिए।

धीरज : सुधांशु आख़िर वो...

इरफ़ान : *(बात काटकर)* धीरज दा प्लीज़... *(सुधांशु से)* सुधांशु तुम बताओगे या नहीं?

(सुधांशु कोई जवाब नहीं देता। कुछ क्षण मंच पर सन्नाटा रहता है। फिर इरफ़ान सुधांशु के क़रीब जाकर मानो उसे जादू से वशीभूत करते हुए)

तुम बताओगे कि शिल्पा ने तुम्हें ज़बानी कुछ बताया कि पढ़कर सुनाया। तुम ज़रूर बताओगे।

(फिर एक-एक शब्द पर ज़ोर देते हुए)

शिल्पा को तुम लाइब्रेरी में मिले। तुमने उसकी किताबें लौटाईं। फिर उसे कैंटीन ले गये। वहाँ से चाय ली।

धीरज : चाय नहीं कॉफ़ी।

(सुधांशु फटी-फटी आँखों से घबराया-सा धीरज दा को देखता है। इरफ़ान की आवाज़ पर चेतकर दोनों से नज़रें बचाता है।)

इरफ़ान : हाँ कॉफी। कैंटीन से कॉफ़ी ली। कॉफ़ी लेकर दोनों कैंटीन के पीछे पत्थरों पर बैठे।

धीरज : *(इरफान का साथ देते हुए)* नहीं शिल्पा को इसने पहले ही उन पत्थरों पर बैठा दिया था। कॉफ़ी लेने यह अकेला गया था। कॉफ़ी लेकर आया तो शिल्पा उन पत्थरों पर बैठी मिली। परेशान-सी...

(सुधांशु फिर पलटकर धीरज दा को देखता है और उसके बाद फिर नज़र बचाता है।)

इरफ़ान : शिल्पा डिस्टर्ब्ड थी। चुप थी।

धीरज : तुमने उसकी ओर कॉफ़ी बढ़ाई। अनमनेपन से उसने हाथ बढ़ाया और कॉफी का गिलास थामा।

(सुधांशु फिर पलटकर धीरज दा को देखता है और एक बार फिर नज़रें बचाता है।)

इरफ़ान : कॉफी पीते हुए तुमने बात शुरू की थी।

धीरज : तुमने उसे कुरेदा?

इरफ़ान : उसने क्या कहा?

धीरज : वो नाटक उसने ज़बानी सुनाया या पढ़कर?

सुधांशु : *(घबराकर वशीकरण से मुक्त होते हुए)* पता नहीं... शायद ज़बानी... शायद पढ़कर...

इरफ़ान : शायद दोनों...

सुधांशु : *(झल्लाकर)* हाँ दोनों।

इरफ़ान : क्या कहा शिल्पा ने?

सुधांशु : *(सहमी-सी आवाज़ में)* उसने कहा... उसने कहा ये कहानी है एक लड़की की।

इरफ़ान : कौन लड़की?

सुधांशु : पता नहीं कौन! कोई भी! शायद डायरी वाली सहेली की छोटी बहन।

धीरज : डायरी छोटी बहन की है या बड़ी बहन की?

सुधांशु : छोटी की। वो लड़की जो अभी स्कूल में है... बचपन से ही पढ़ाई में तेज़ है। *(फिर झल्लाकर)* मैंने कहा ना शिल्पा को आने दो... मैं ठीक से नहीं बता पाऊँगा।

इरफ़ान : नायिका बचपन से पढ़ाई में तेज़ है। अभी स्कूल में है। आगे बढ़ो।

सुधांशु : *(वशीभूत-सा)* पर धीरे-धीरे वह बदल रही है।

धीरज : कौन नायिका?

सुधांशु : हाँ।

इरफ़ान : फिर?

सुधांशु : एक दिन उसके प्रोफेसर पिता अपने दोस्त से एक किताब लाये पढ़ने के लिए। जब लौटाने की बारी आई तो देखा...

इरफ़ान : देखा...

सुधांशु : हाँ देखा...

धीरज : क्या देखा?

सुधांशु : किताब के सारे पन्ने लम्बाई में आधे ग़ायब थे। किसी ने कैंची से काटे थे... बहुत बेदर्दी से। पिता का कहना था छोटी की करामात है।

इरफ़ान : छोटी कौन?

सुधांशु : वही अपनी नायिका।

धीरज : यानी एक बड़ी भी है?

इरफ़ान : अरे धीरज दा वही... शिल्पा की सहेली।

सुधांशु : हाँ... घर में दो बहनें हैं।

इरफ़ान : छोटी पर पिता ने जो आरोप लगाया क्या वह सच था?

सुधांशु : क्या मालूम! वो तो कबूल करने को तैयार नहीं।

(सुधांशु, इरफ़ान और धीरज मंच पर एक ओर हैं जबकि दूसरी ओर एक प्रकाश वृत्त में छोटी और बड़ी का दृश्य प्रस्तुत होता है। आगे छोटी, पीछे बड़ी का झगड़ते हुए प्रवेश। रोली छोटी की भूमिका निभा रही है और शिल्पा बड़ी की। छोटी की उम्र लगभग 17 वर्ष है और बड़ी की 21 वर्ष।)

छोटी : क्यों मेरे पीछे पड़े हो तुम लोग? कहा ना मुझे कुछ नहीं पता।

बड़ी : तो फिर किसने?

छोटी : मुझे क्या पता!

बड़ी : तू फिर झूठ बोल रही है।

छोटी : मैं कह चुकी हूँ... बार-बार कह चुकी हूँ... बस... क्यों मेरे पीछे हाथ धोकर पड़ी है। *(बड़बड़ाते हुए)* जाने दीदी की शादी के बाद इसे क्यों यहाँ बुला लिया गया!

बड़ी : तो फिर पापा क्यों कह रहे हैं कि वो किताब तूने फाड़ी है?

छोटी : *(खीझकर)* तो जा पापा से पूछ।

बड़ी : *(स्वर को संयत करके)* देख छोटी... किताब थी पापा की वो भी कोहली अंकल से बॉरो की हुई... वो तो काटने से रहे। माँ कब से बिस्तर पर है... बची मैं... अब बता।

छोटी : मैं क्या बताऊँ... तू बची तो तू ही होगी।

बड़ी : *(ग़ुस्से में)* मेरा हाथ उठ जाएगा अब... बता रही हूँ... तू बहुत बदतमीज़ होती जा रही है।

छोटी : तो मेरे मुँह क्यों लग रही है?

बड़ी : आख़िर तूने पापा की वो किताब फाड़ी क्यों? वो भी कैंची से! तुझे क्या मिला?

छोटी : किताब की हाय-हाय लगा रखी है... जा अभी तो आधे पन्ने बचे हैं... जाकर पढ़ ले...

बड़ी : *(निहितार्थ न समझते हुए)* अजीब लड़की है ये!

(छोटी तेज़ी से भीतर चली जाती है। बड़ी वहाँ अचकचायी-सी कुछ क्षण खड़ी सोचती है। फिर धीरे-धीरे प्रस्थान करती है। प्रकाश वृत्त मंच के दूसरी ओर खड़े पुरुष पात्रों पर पहुँचता है जो अब तक इस नाटक को देख रहे थे।)

इरफ़ान : किताब थी क्या?

सुधांशु : कोई नॉवल।

धीरज : नॉवल का नाम?

सुधांशु : याद नहीं।

इरफ़ान : याद कर।

धीरज : दिमाग़ पर ज़ोर डाल।

सुधांशु : *(परेशान-सा)* शायद... शायद 'धधकती रेत' या 'धधकती आग'।

इरफ़ान : फिर वही शायद!

धीरज : बात एक ही है... 'धधकती आग'।

सुधांशु : पर एक की नहीं कइयों की है।

धीरज : मतलब?

सुधांशु : कुछ ही दिन बाद देखा गया कि उस नॉवल की तरह पिता के रैकों की सभी किताबों का वही हश्र हुआ।

इरफ़ान : यानी?

सुधांशु : यानी फटी थीं।

धीरज : ठीक उसी तरह? किताबों के सारे पन्ने लम्बाई में आधे ग़ायब?

सुधांशु : हाँ... बड़ी बेरहमी से काटे गये...

धीरज : पर एक बात समझ में नहीं आयी कि पिता को शक़ छोटी पर ही क्यों था जबकि घर में एक बड़ी भी थी।

सुधांशु : उसकी एक हिस्ट्री थी।

(अचानक सुधांशु मंच पर दूसरी ओर देखकर मुँह पर उँगली रखकर अपने मित्रों को चुप रहने व उसी ओर देखने का इशारा करता है।)

हिश... श....

(मंच पर दूसरी ओर प्रकाश वृत्त में बड़ी कुछ खोजते हुए प्रवेश करती है।)

बड़ी : जाने कहाँ रख दीं मैंने... कल ही तो पापा ने एक बॉटल ओपनर वाले नये की-चेन में लगाकर दी थीं... कहाँ ढूँढूँ... ऐसे ही घर में जाने क्या-क्या होता रहता है। रैक पर रखी किताबों को जाकर कैंची ख़ुद ही काट आती है। हँह... अब कहाँ ढूँढूँ... जाने फ़र्श निगल गया या दीवारें!

(छोटी का एक सेब कुतरते हुए प्रवेश। वह बड़ी को कुछ खोजते पाती है।)

छोटी : बड़ी... कुछ खो गया है क्या?

(बड़ी खामोश रहकर अपना काम जारी रखती है।)

क्या ढूँढ़ रही है?

बड़ी : तू अपना काम कर।

छोटी : हाँ और तू अपना... ढूँढ़े जा... ढूँढ़े जा...

बड़ी : *(पलटकर)* फ़साद की जड़ तो तू ही है। न तू बावलापन करती... न पापा ताले ठोंकते!

छोटी : अब कुछ फूटेगी भी... खोया क्या... क्या ढूँढ़ रही है?

बड़ी : *(मेज़ के नीचे झुकते हुए कमर पकड़कर)* हे भगवान!

छोटी : भगवान क्या यहाँ मेज़ के नीचे छिपे होंगे? कहीं और ढूँढ़!

बड़ी : *(खीझकर)* तेरा कुछ नहीं हो सकता! कुछ भी नहीं!

छोटी : नहीं... मैं तो बस इसलिए पूछ रही हूँ कि जो तू खोज रही है... आख़िर तो उसका इल्ज़ाम भी मेरे ही सिर आएगा... इसलिए पहले ही बता दे।

बड़ी : *(ग़ुस्से से)* तू फिर बकवास करने लगी!

छोटी : ठीक है मुझे क्या... ढूँढ़ फिर...

(अपना सेब ख़ाने लगती है। बड़ी कुछ विचार करती है।)

सेब खाले बड़ी... याद आ जाएगा!

बड़ी : *(उसको जवाब न दे अपनी चीज़ फिर ढूँढ़ती है और अपने ही साथ-साथ बातें करती जाती है)* मैं रसोई में थी... तब मेरे पास थीं... हाँ थीं... फिर अचानक माँ ने आवाज़ दी... उन्हें पानी देने गई तो वो हाथ में थीं... बिल्कुल थीं... फिर? फिर मैं शायद इस कमरे में आई। हाँ... यहीं तो आई थी। चाबियाँ तो तब हाथ में ही थीं... फिर? बस यहाँ से तौलिया उठाकर बाहर तार पर टाँगने गई। इतने में ही ये चाबियाँ कहाँ गुम हो गईं?

(बड़ी फिर खोजने लगती है। छोटी मंच से बाहर जाती है और चाबियों का एक गुच्छा लेकर लौटती है।)

कहाँ जा सकती हैं?

छोटी : इन्हें खोज रही है क्या? ये ले...

(बड़ी पलटकर देखती है और हाथ बढ़ाकर लेती है।)

बाहर मुंडरे पर रखी थीं।

बड़ी : *(अनायास)* किसने?

छोटी : कमाल है यार... तेरे हाथ में थीं तो तूने ही तो रखी होंगी। या ये भी मेरे ही सिर?

(चाबियाँ बड़ी को थमाकर छोटी तुनककर मंच से प्रस्थान करने लगती है तो बड़ी उसे पुकारकर रोकती है।)

बड़ी : *(सहृदयता के साथ)* छोटी...

(छोटी रुकती है। पलटकर देखती है। बड़ी उसके पास आकर कन्धे पर हाथ रखती है।)

छोटी : *(रूखेपन से)* क्यों? क्या तेरी चाबियाँ वहीं रहने देती मुंडरे पर?

बड़ी : नहीं मेरा मतलब था... तूने... तूने पापा की किताबें क्यों फाड़ीं?

छोटी : तू चाबियाँ सँभाल!

बड़ी : देख... देख ये अच्छी बात नहीं है... मैं तेरी बहन हूँ... इसलिये...

छोटी : बहन है तो मेरी बात मान... लौट जा जहाँ से आई है... नानी के घर ही रह तू... वही है तेरा घर... यहाँ की चाबियाँ भूल जा!

बड़ी : कैसी हो गयी है तू! कभी कुछ... कभी कुछ... और मैं... मैं... क्यों लौट जाऊँ? मेरे पापा का घर है ये!

छोटी : *(व्यंग्य से)* पापा!

(सेब कुतरते हुए प्रस्थान करती है।)

बड़ी : छोटी... सुन... सुन...

(बड़ी का उसे पुकारते हुए पीछे-पीछे प्रस्थान। प्रकाश वृत्त सुधांशु, इरफ़ान और धीरज पर लौटता है।)

इरफ़ान : सिचुएशन कॉम्पलिकेटेड होती जा रही है... जमेगा नाटक... मगर... छोटी ने बड़ी से ये क्यों कहा कि लौट जा नानी के घर तू?

सुधांशु : अब ये तो छोटी जाने!

धीरज : सुधांशु तुम कोई हिस्ट्री बता रहे थे।

इरफ़ान : हिस्ट्री!

धीरज : हाँ छोटी के बिहेवियर की।

सुधांशु : हाँ हिस्ट्री तो है... *(ज़रा रुककर)* पहले भी ऐसे कई मौक़े आये।

धीरज : किताबें फटने के?

सुधांशु : नहीं... ऐसी ही कुछ और घटनाएँ।

धीरज : ओ!

सुधांशु : तब घर में छोटी अकेली थी।

इरफ़ान : बड़ी कहाँ गई थी?

सुधांशु : असल में बड़ी तो यहाँ रहती ही नहीं थी। नानी के घर पली थी। वो तो हाल ही में घर बुलायी गयी है। माँ को लकवा मार जाने पर। सबसे बड़ी यानी दीदी की शादी के बाद।

इरफ़ान : जस्ट अ मिनट... तो फिर बेटियाँ तीन हुईं? नम्बर एक... दीदी। नम्बर दो... बड़ी। नम्बर तीन... छोटी।

सुधांशु : हाँ, मगर अब तो घर में दो ही हैं। दीदी की शादी हो चुकी है।

इरफ़ान : यार ये बड़ा कन्फ्यूज़िंग है। दीदी को कोई नाम दे दो।

सुधांशु : शिल्पा ने तो बस दीदी ही कहा था।

इरफ़ान : मगर हम कुछ और कहेंगे।

सुधांशु : कुछ और!

धीरज : अनु दीदी।

इरफ़ान : करेक्ट... हम दीदी को अनु दीदी कहेंगे। तो सुधांशु तुम बता रहे थे कि दीदी यानी अनु दीदी की शादी हो चुकी है।

सुधांशु : *(कुछ खोया हुआ-सा)* हाँ शादी हो चुकी है। *(अचानक चुप हो जाता है।)*

धीरज : *(कुछ क्षण बाद)* तुम किसी हिस्ट्री की बात कर रहे थे।

सुधांशु : हिस्ट्री?

धीरज : वो हिस्ट्री जिसकी वजह से किताब फटने पर उँगली छोटी की ओर उठी।

सुधांशु : हाँ हाँ... हिस्ट्री।

(सुधांशु विचारों में खो जाता है।)

इरफ़ान : सुधांशु तुम कुछ कह रहे थे... मेरा मतलब कुछ कहने वाले थे...

सुधांशु : *(कुछ क्षण ख़ामोश रहने के बाद)* यों तो ये सब घटनाएँ घट कर गुज़र चुकी होतीं पर छोटी की डायरी ने उन्हें एक नया एंगल... एक नया डायमेंशन दिया।

इरफ़ान : छोटी डायरी लिखती थी?

धीरज : ओहो बता तो चुका है कि उसी डायरी पर बेस्ड है ये नाटक।

सुधांशु : इधर लगभग डेढ़-दो साल से लिखती थी। वो डायरी कम और जीवनी अधिक थी।

धीरज : डायरी पिता के हाथ लगी?

सुधांशु : नहीं।

इरफ़ान : तो?

सुधांशु : असल में किताब के पन्ने फटने की घटना से बड़ी बहन कुछ अपसेट थी और छोटी के रवैये से परेशान। वह बात की तह तक जाना चाहती थी। इसीलिए उसूलन ग़लत होते हुए भी उसने छोटी की किताबों, कॉपियों की तलाशी लेनी शुरू की।

इरफ़ान : छोटी के सामने?

सुधांशु : नहीं रात में। जब छोटी सो जाती थी। और तब उसके हाथ आयी एक होमवर्क की कॉपी जो असल में छोटी की पर्सनल डायरी थी।

धीरज : और वही उसने फिर हमारी शिल्पा को थमाई।

सुधांशु : हाँ।

इरफ़ान : क्या लिखा था उसमें?

सुधांशु : बहुत कुछ... पहले ही दिन एक पन्ने पर बड़ी की नज़र ठहर गयी और उसने पढ़ा।

(प्रकाश वृत्त मंच के दूसरे हिस्से को उजागर करता है जहाँ बड़ी की भूमिका में शिल्पा एक कॉपी उठाये चली आ रही है। सुधांशु प्रकाश वृत्त से होता हुआ नेपथ्य में जाता है और फ़ौरन वहाँ से एक झाग लगा शेविंग ब्रश हाथ में लेकर लौटता है। वह एक कोने में पीठ किये खड़ा रहता है।)

बड़ी : *(स्वगत)* कमरे में पढ़ना ठीक नहीं... यहाँ बाहर ठीक रहेगा। *(डायरी पढ़ते हुए)* आज सुबह बाथरूम में नहा रही थी

तो... *(स्वगत)* रोशनी भी तो ठीक नहीं। सीढ़ियों की लाइट जलाकर पढ़ूँ... शायद कुछ पढ़ा जाये...

(कुछ दूर जाकर बैठती है और पढ़ने की पुनः कोशिश करती है।)

हाँ यहाँ ठीक है... *(कॉपी देखकर)* कहाँ थी मैं? यहाँ... हाँ... आज सुबह बाथरूम में नहा रही थी तो पापा की झल्लाई हुई आवाज़ सुनाई दी...

(तभी सुधांशु दर्शकों की ओर पलटता है। वह पापा की भूमिका में है, हाथ में शेविंग ब्रश लिये और गालों पर शेविंग क्रीम का झाग लगाये। वह मंच पर ग़ुस्से से इधर से उधर आ-जा रहा है।)

पापा : *(काल्पनिक माँ से)* तुम ये अपना एक साइड का दर्द लिये बैठी रहती हो... घर पर ध्यान दो घर पर... मैं मुँह पर साबुन लगाये बावला-सा सारे घर में फिर रहा हूँ... आख़िर मेरा शेविंग रेज़र है कहाँ? कहाँ गया वो? *(भीतर को देखकर)* अब ज़बान में भी दर्द हो गया क्या? ऐसी बातों पर तो तुम्हें साँप सूँघ ही जाता है। *(फिर ग़ुस्से से चीख़कर)* कोई लड़का तो पैदा किया नहीं तुमने जो मेरा रेज़र ले ले। फिर ये रेज़र गया कहाँ?

(कहते हुए पापा का प्रस्थान। बड़ी डायरी पढ़ना जारी रखती है।)

बड़ी : *(छोटी की डायरी पढ़ते हुए)* मुझे काटो तो ख़ून नहीं। वो रेज़र तो रात को मैंने ही लिया था। अगले दिन स्कूल के एनुअल प्ले की ड्रेस रिहर्सल थी जिसमें मुझे स्लीवलेस ब्लाउज़ पहनना था। इसलिए रात को ही चुपके से पापा का रेज़र लिया था पर वापस रखना भूल गई थी। वो मेरे कमरे में मेज़ पर रखा था। तेज़ी से जैसे-तैसे कपड़े पहनकर बाथरूम से निकली और अपने कमरे में मेज़ की तरफ़ दौड़ी। देखा पापा वहीं थे। रेज़र उनके हाथ में था। मैं दरवाज़े पर ही रुक गई। स्लीवलेस ब्लाउज़ से बाहर निकली मेरी बाहों को उन्होंने देखा। अच्छी तरह। फिर मुस्कराये। रेज़र दिखाकर बोले, "ये तुम लाईं थीं?" फिर मेरे पास से होकर जाते हुए उसी रेज़र को उन्होंने हल्के-से मेरी बाँह पर मारा। *(बड़ी ठहर कर अपनी बाँह का स्पर्श करती है। फिर*

पढ़ते हुए) और मुस्कराते हुए निकल गये...। ढेर-सारी छिपकलियाँ बाँहों से होती हुईं मेरे पूरे शरीर पर रेंगने लगी थीं। उस मुस्कान से जैसे मेरी देह ही उघड़ गई थी। ऐसा लगा कपड़े बदलते हुए कमरे का दरवाज़ा बन्द करना भूल गई हूँ। मैं निर्वस्त्र हूँ और दरवाज़े पर पापा खड़े हैं। वैसे ही मुस्कराते हुए!

(बड़ी की आवाज़ डूब-सी जाती है।)

ओ माई गॉड!

(वह झट से डायरी बन्द करती है। उठती है और उदास मन व भारी क़दमों से प्रस्थान करती है। प्रकाश-वृत्त तीनों पुरुष पात्रों की ओर बढ़ता है जहाँ धीरज और इरफ़ान सन्नाटे में हैं। भीतर तक ख़ामोश। तभी सुधांशु सन्नाटा तोड़ता है।)

सुधांशु : आगे सुनोगे?

(धीरज और इरफ़ान सिर उठाकर सुधांशु की ओर देखते हैं मगर ख़ामोश रहते हैं।)

उसके बाद कुछ महीनों तक एक सिलसिला चलता रहा। अक्सर घर का कमोड ब्लॉक हो जाता। जब नाली खोलने वाले को बुलाया जाता तो कमोड से निकलता पापा का रेज़र या शेविंग ब्रश। एक नहीं... कई बार... अब ये भी होने लगा कि पापा की ज़रूरत की चीज़ें सही जगह पर कभी मिलकर न देतीं। बूट पॉलिश किताबों की रैक पर होती तो चश्मा फ्रिज के फ्रीज़र में।

धीरज : क्या उम्र रही होगी छोटी की तब?

सुधांशु : उम्र पता नहीं... पर वह आठवीं क्लास में थी।

इरफ़ान : आठवीं क्लास यानी... यानी 14-15 साल। इतनी छोटी उम्र में ऐसा एक्सपीरिएन्स... पुअर चाइल्ड!

धीरज : तो इस तरह रिश्तों की बिसात पलट गयी होगी। बड़े होते बच्चों की कॉपी-किताबों पर पेरेन्ट्स कभी-कभी नज़र डाल लिया करते हैं... देखने के लिए कि औलाद किस तरफ़ जा रही है पर यहाँ... यहाँ एक छोटे से झुँझलाये... अपमानित किशोर मन ने बाप की सीवन उधेड़नी शुरू कर दी! और उसे बस्ते में से खोज निकाला बड़ी बहन ने!

सुधांशु : बाक़ी किताबें तो बाद में काटी या फाड़ी गयीं। सबसे पहले उसके हाथ आयी 'धधकती आग'... फिर उसके बाद रैक की किताबों के बीच छिपाकर रखी गयीं पोर्नो बुक्स।

इरफ़ान : बाप की किताबों में 'धधकती आग' और पोर्नो बुक्स का ऐसा असर!

धीरज : असर तो बहुत-सी बातों का रहा होगा जो ग़ुस्सा किताबों पर उतरा।

सुधांशु : ये ग़ुस्सा इतना बेरहम था कि इसने पापा के रैक की किसी किताब को नहीं बख़्शा, यहाँ तक कि डिक्शनरीज़ को भी...

धीरज : बात एक या दस किताबों की नहीं... बात विश्वास टूटने की है... एक बार जब विश्वास टूटता है तो सारे सच झूठ हो जाते हैं।

सुधांशु : पापा को लेकर छोटी ने अपने मन में जो एक इमेज बना रखी थी उसके रंग फ़ीके पड़ते जा रहे थे। एक सुरंग थी जो पीछे की तरफ़ खुलती जा रही थी। हर बात नये अर्थों के साथ याद आ रही थी। शेविंग किट के रेज़र ने अतीत को छीलकर रख दिया था। तभी उसे अपना वो बचपन याद आया जो अस्पष्ट था आज तक... याद आया एक नयी तरह से...

(मंच के दूसरी ओर प्रकाश वृत्त में बड़ी का डायरी लिये प्रवेश। उसके पीछे-पीछे छोटी का एक बड़ी-सी गुड़िया गोद में लिये प्रवेश। छोटी इस समय अपना बचपन जी रही है और उसकी आयु है लगभग पाँच वर्ष। बड़ी मंच के बीच जाकर डायरी पढ़ती है। छोटी दूसरी ओर बैठकर गुड़िया से खेलती है। पुरुष पात्रों का धीरे-धीरे प्रस्थान। मंच अब बड़ी और छोटी का है।)

बड़ी : *(छोटी की डायरी पढ़ते हुए)* मैं शायद पाँच साल की थी। हाँ पाँच ही की क्योंकि पहली क्लास में थी और अनु दीदी बारहवीं में। अचानक ख़बर आयी थी कि बुआजी बीमार हैं। माँ उनके पास रात को अस्पताल में रहने गई थीं। घर में मैं, अनु दीदी और पापा को कमरे में छोड़कर अपनी गुड़िया ले बैठक में आ गई थी और देर तक यहीं खेलती रही थी।

(बड़ी पलटकर देखती है तो प्रकाश छोटी पर जाता है जो गुड़िया से खेल रही है।)

छोटी : *(गुड़िया से)* तूने आज फिर कपड़े गन्दे कर दिये। कितनी बार बदलूँ? *(समझाते हुए)* अब तू बड़ी हो रही है। स्कूल जाएगी तो घड़ी-घड़ी तेरे कपड़े कौन बदलेगा? और बाल भी कैसे कर रखे हैं घुचड़-मुचड़... *(हँसकर)* हा हा हा घुचड़-मुचड़... चल पहले तेरी कंघी कर दूँ। एक चोटी या दो? ठीक से बैठो... रोओ मत... क्या दर्द हो रहा है? अच्छा चल अनु दीदी से कहती हूँ... वो बना देगी तेरी चोटी... जब वो बनाती है तो दर्द बिल्कुल नहीं होता...

(छोटी गुड़िया लेकर उठती है तो प्रकाश बड़ी पर पहुँचता है जहाँ वह छोटी की डायरी पढ़ रही है।)

बड़ी : *(डायरी पढ़ते हुए)* गुड़िया ले मैं उठी और अनु दीदी के कमरे के दरवाज़े तक पहुँची। देखा अनु दीदी पलंग पर अधलेटी-सी थीं और...

('और' कहकर बड़ी अस्पष्ट आवाज़ में फ़ुसफ़ुसाते हुए आगे की कुछ पंक्तियाँ पढ़ती है। फिर कुछ सोचती हुई डायरी एक ओर रख देती है।)

दीदी अधलेटी-सी थीं... पलंग पर...

(जाकर सँभलते-सँभलते कहीं लेटती है।)

ऐसे लेटी होगी शायद अनु दीदी... ऐसे... हाँ... और पापा? कैसे? *(बड़ी रुककर कुछ कल्पना करने लगती है। तभी छोटी गुड़िया एक ओर रखकर एक सम्वाद बोलती है।)*

छोटी : पापा उसके ऊपर लेटे हुए थे।

(फिर छोटी, बड़ी की कल्पना को साकार करने के लिए उसकी ओर बढ़ती है। जाकर अनु दीदी पर लेटती है। अनु दीदी उठने की कोशिश कर रही है पर पापा बनी हुई छोटी उठने नहीं देती। दीदी कसमसाती है। कुछ क्षण बाद पापा बनी छोटी उठ जाती है और अपनी गुड़िया उठाकर कुछ दूर खड़ी हो दीदी को देखती है। छोटी अब पुनः पाँच वर्ष की है। इस बीच अनु दीदी प्रतिरोध में काल्पनिक पापा से ख़ुद को छुड़ाने का अभिनय करती है।)

बड़ी : *(वहीं लेटे हुए डायरी के प्रभाव में)* छोटी ने दरवाज़े से अनु दीदी को पुकारा था–

छोटी : *(बड़ी का सम्वाद पूरा करते हुए)* अनु दीदी... अनु दीदी... *(एक क्षण ठहरकर)* मैंने जो कुछ देखा मैं घबरा गई... पापा झटके से उठे... लड़खड़ाते हुए कमरे से बाहर चले गये। फिर अनु दीदी भी उठीं।

(अनु दीदी की भूमिका में बड़ी अपनी बेबसी पर सिर धुनते हुए उठती है। ग़ुस्से में दरवाज़े की तरफ़ बावली-सी दौड़ती है। अपनी रुलाई की चीख़ों को दबाते हुए जिस ओर से पापा गये थे उस दिशा में कुछ दूर जाकर ज़ोर से थूकती है। फिर रोती हुई वापस आती है। ज़मीन पर धम्म से फैलकर बैठती है और हिचकियाँ ले-लेकर रोती है। छोटी जो अब पाँच वर्ष की है सहमी हुई उसे देख रही है। उसने अपनी गुड़िया को मारे डर के ख़ुद से सटा रखा है। फिर धीरे-धीरे दीदी के पास जाती है। दीदी अपनी क़मीज़ के बटन ठीक करते हुए रोती जा रही है। छोटी उसके आँसू पोंछती है।)

अनु दीदी तुम रोयी-रोयी क्यों कर रही हो?

(अनु दीदी ख़ामोशी से अपने आँसू पोंछती है।)

तुम पिच गईं क्या?

अनु दीदी : *(चौंककर छोटी की ओर देखती है। फिर अपने मुँह पर उँगली रखते हुए)* चुप... चुप... चुप...

छोटी : पापा तुम्हारे ऊपर क्यों लेटे थे?

(अनु दीदी छोटी को ख़ुद से सटाकर ख़ामोश आँसू बहाती रहती है।)

अनु दीदी मत रोओ... नहीं तो मैं भी रोऊँगी...

(कहते हुए छोटी भी रोने लगती है। अनु दीदी उसे चुप कराती हैं।)

अनु दीदी : चुप चुप... देख... देख मैं तो ठीक हूँ। पापा... पापा तो बस... मुझे खाँसी आ रही थी ना... ज़ोर से... बहुत ज़ोर से... तो बस पापा मुझे विक्स लगा रहे थे। रो मत... चुप... भूल जा इस बात को... तूने कुछ नहीं देखा... किसी से कुछ नहीं

कहना... ठीक है? किसी से भी नहीं... कुछ नहीं... बिलकुल नहीं... नहीं तो... नहीं तो भैंस की तरह तेरे सिर पर सींग निकल आएँगे... सींग... दो-दो सींग...

(छोटी यह सुन कुछ अजीब मनस्थिति में अपनी गुड़िया अनु दीदी को थमा देती है। अब वह पाँच वर्ष से पुनः पन्द्रह वर्ष की हो गयी है। अनु दीदी गुड़िया को गले से लगाये बराबर रोती हुई प्रस्थान करती है।)

छोटी : *(मंच के मध्य आकर)* और उस दिन के बाद से... जब अनु दीदी ने कहा था कि किसी से कुछ न कहना नहीं तो भैंस की तरह सींग निकल आएँगे... जब-जब कहीं किसी भैंस को देखती हूँ उसके सींगों के बीच अपना चेहरा पाती हूँ। कभी मेरे शरीर पर भैंस का चेहरा... कभी भैंस के शरीर पर मेरा सीगों वाला चेहरा। मैंने कभी किसी से कुछ नहीं कहा था... कुछ भी नहीं... कुछ भी तो नहीं... कभी नहीं... फिर ये भैंस का सींगों वाला चेहरा दिन-रात मेरे आगे-पीछे क्यों रहता है? क्यों? *(ज़रा-सा ठहरकर)* मैं बहुत सहम चुकी थी। उसके बाद से मैंने अपनी सहेलियों से मिलना-जुलना भी लगभग बन्द ही कर दिया था। स्कूल के बाद सीधे घर।

(बड़ी का प्रवेश।)

कभी कोई लड़की या टीचर मुझे ठहरकर देखती तो लगता शायद मेरे सिर पर धीरे-धीरे सींग उग रहे हैं। ये वही देख रही हैं। मैं ख़ुद को कहीं छिपा देना चाहती थी। पर कहाँ? शायद बिस्तर वाले बड़े ट्रंक में... या छत पर पानी की टंकी में या शायद... पता नहीं... पर इस दुनिया से दूर! *(बड़ी की ओर देखकर)* पर अनु दीदी ने ऐसा क्यों किया? क्यों चिपका दिया ये भैंस का चेहरा मेरे साथ? मुझे डर था... कहीं ये बात मेरे मुँह से निकल न जाये। और तो और मैं माँ से भी कुछ दूर-दूर ही रहती। मुझे यक़ीन था यह बात मुँह पर आते ही मेरा चेहरा पूरा का पूरा भैंस का चेहरा हो जाएगा। सींगों वाली भैंस!

(बड़ी एक ओर रखी छोटी की डायरी उठाती है। इस बीच छोटी सहमी हई है। उसका अनजान डर प्रकट होता है। बड़ी घबरायी-सी उसे देखती है।)

भैंस... भैंस... भैंस... मैं भैंस नहीं... नहीं... नहीं... मैंने कुछ नहीं कहा... किसी से कुछ नहीं कहा... सींगों वाली भैंस... दो-दो सींगों वाली... नहीं... नहीं... भैंस... भैंस... भैंस... नहीं...

(घबराई-सी छोटी मंच से निकल जाती है।)

बड़ी : *(डायरी पढ़ते हुए)* अब मैं बस अनु दीदी के आस-पास रहती। अनु दीदी भी मुझे ख़ुद से कभी अलग न करतीं... मैं यहाँ-वहाँ होती तो फ़ौरन आवाज़ लगातीं... *(पुकारते हुए)* छोटी... छोटी... कहाँ है तू?

(नेपथ्य से छोटी की आवाज़ सुनाई देती है– 'आयी अनु दीदी'। बड़ी डायरी पढ़ती है)

पर बी.ए. के बाद अनु दीदी की शादी कर दी गयी। *(उदास होकर)* वो चली गयीं। हमेशा के लिए। मैं और अकेली हो गयी। बिल्कुल अकेली। नानी के यहाँ से बड़ी जब छुट्टियों में घर आती तो मेरा मन उससे न जुड़ पाता। मैं अकेली बैठी, जाने क्या-क्या सोचा करती। *(स्वगत)* हाँ छुट्टियों में जब मैं आती तो छोटी को कुछ अजीब-सा पाती थी। अलग-थलग सा। क्या सोचती होगी छोटी?

(छोटी का प्रवेश। वह सिकुड़ी-सी आकर एक कोने में बैठ जाती है। उस पर प्रकाश पड़ता है पर वह अभिनय करती है मानो उस प्रकाश रूपी दुनिया से छिपकर, बचकर रहना चाहती हो।)

छोटी : जी चाहता किसी से न मिलूँ। किसी से भी नहीं। शरीर को कहीं रख दूँ। सबकी नज़रों से बचाकर अपने को अलमारी में बन्द कर दूँ या फ्रिज में या फिर... या फिर सीढ़ियों के नीचे के सुनसान अँधेरे में... जहाँ कोई नहीं आता... जहाँ कोई नहीं झाँकता... अँधेरा... बस अँधेरा... अँधेरे से बातें करूँ... अँधेरे में नहाऊँ... अँधेरे में कपड़े बदलूँ... और कहीं अँधेरा ओढ़कर सो जाऊँ...

(प्रकाश वापस बड़ी पर जाता है जो डायरी पढ़ रही है।)

बड़ी : पढ़ाई में बिल्कुल मन नहीं लगता... नवीं में फेल हुई... जैसे-तैसे नवीं पास की तो फिर दसवीं में भी फेल हो गयी।

(सिकुड़ी बैठी छोटी खड़ी हो जाती है। अब उसमें डर नहीं है। वह बेख़ौफ़ लग रही है। आवाज़ में भी दृढ़ता है। वह बोलती है तो बड़ी उसे देखती है।)

छोटी : अब दूसरी बार भी वही नतीजा। दसवीं में दोबारा फेल। पिछली बार फेल होने पर मैं बहुत रोयी थी। इस बार... इस बार रोना भी नहीं आया... एक क्या आधा आँसू भी नहीं। *(आवाज़ में विरक्ति)* अब सब बेकार लगता है। बिल्कुल बेकार। अनु दीदी चली गईं। माँ बिस्तर पर है और हमेशा बिस्तर पर ही रहेगी। बड़ी... बड़ी अपनी नहीं लगती... बिल्कुल नहीं... और पापा? हाँ पापा के पास तो आज शाम सक्सेना अंकल आये थे। मेरे रिज़ल्ट का मातम मनाने... बोतल खोलकर... नशे में धुत होकर... *(हँसती है)* हा हा हा...

(छोटी दर्द भरी हँसी हँसती है तो बड़ी घबरा-सी जाती है।)

बड़ी : छोटी... छोटी...

(छोटी हँसते हुए मंच से जाने लगती है। बड़ी भी उसके पीछे-पीछे है। दूसरी ओर से सुधांशु का पापा के रूप में हाथ में दो गिलास लिये प्रवेश।)

छोटी : देख... देख वो पापा आ रहे हैं... सक्सेना अंकल के साथ मेरे रिज़ल्ट का मातम... हा हा हा... मेरा मातम... मेरा...

बड़ी : छोटी... छोटी...

(दोनों का प्रस्थान। पापा एक गिलास मेज़ पर रखते हैं। सामने बैठे काल्पनिक सक्सेना साहब से बातें करते हैं।)

पापा : *(स्वर में नशा)* हाथ रोक क्यों लिया सक्सेना साहब... इस घर में किस-किस चीज़ का मातम मनाएँगे... जारी रखिये... *(एक घूँट भरकर ग़ुस्से से)* ये घर ही मनहूस है। तीन-तीन बलाएँ पैदा करके ख़ुद लकवामारी सालों से खाट तोड़ रही है। *(फिर घूँट भरते हैं।)* यूनिवर्सिटी का प्रोफेसर हूँ। बेटी हर साल फेल हो रही है! स्कूल ने अब नाम काट दिया। कहते हैं कोई दूसरा स्कूल देखो। हँह... टके-टके के प्रिंसिपलों के आगे हाथ जोड़ो! जाये मेरी जूती! बहुत हो चुकी पढ़ाई... *(आवाज़ में नरमी)* अरे... लीजिये... लीजिये और लीजिये... हाथ बढ़ाइये... अब नमकीन वग़ैरह तो आप लेते नहीं... अच्छा करते

हैं... सोडा भी कहाँ लेते हैं... अरे साहब नीट का मज़ा कुछ और ही है। बेकार के चोंचलों में क्या रखा है! ये चोंचलेबाज़ी तो औरतों को पसन्द है। अजी यहाँ इतना वक़्त किसके पास रखा है!

(अपना गिलास फिर उठाकर घूँट भरते हैं। स्वर में संकल्प उभरता है।)

सारी ज़िन्दगी इन्हीं के लिए ग़र्क़ हो गई... इसे तो अब मैं पढ़ना सिखाऊँगा। बहुत हो गया स्कूल। अब बस ओपन स्कूल में अपियर होगी। पढ़ाऊँगा इसे अब मैं। सक्सेना यार लाइटर तो निकालो... *(जेब में सिगरेट तलाश करता है।)* अरे ठहरो मेरी जेब में भी होगा। *(लाइटर निकालकर सिगरेट सुलगाता है। कश भरता है।)* साली क्या ज़िन्दगी है हमारी भी यार... बीज बोओ। उसे सींचते रहो सालों... पालो-पोसो... जब लहलहाने लगे तो किसी और की नज़र कर दो! तुम भी तो भुगत रहे हो। तुम्हारी ऐसी ख़ूबसूरत जवान बेटी को ले जाने की वो साला तुम्हारा प्रोसपेक्टिव दामाद क़ीमत चाहता है। कम न ज़्यादा... दस लाख! साला... पालें हम फल खायें दूसरे! ओह इस घुटन में तो नशा भी नहीं ठहरता... चलो... चलो छत पर चलते हैं... हवा में...

(गिलास उठाकर मंच से प्रस्थान करता है। बड़ी का डायरी पढ़ते हुए प्रवेश। उसके पीछे-पीछे इरफ़ान, धीरज व सुधांशु भी आते हैं और अपनी पुरानी जगहों पर ऐसे बैठते हैं मानो बड़ी की डायरी सुन रहे हों। प्रकाश बड़ी पर है।)

बड़ी : वो दोनों ऊपर जा चुके थे। मैं बत्ती बन्द किये... *(अचानक पृष्ठ पलटकर स्वगत)* डायरी का आख़िरी पन्ना है ये... *(डायरी पढ़ते हुए)* मैं बत्ती बन्द किये अँधेरे कमरे में बैठी सोच रही थी... कैसे माली हैं ये लोग! मुझे अब सब तरफ़ अँधेरा नज़र आता है। गहरा अँधेरा... पापा की रंगी काली मूँछों से भी काला अँधेरा। अब स्कूल भी गया। अब पापा पढ़ायेंगे! ओह... ओह ये सारे बदन पर लिजलिजा-सा क्या है? जैसे बरसात के बाद जंगली केंचुओं का कोई ढेर उग आया हो...

नहीं... नहीं... कभी नहीं! मैं ऐसा नहीं होने दूँगी... ऐसा नहीं होगा...

(बड़ी डायरी के पन्नों में मुँह छिपाकर फूट-फूट कर रोते हुए)

छोटी... छोटी... अरे छोटी तूने अकेले ही कितना कुछ सहा। घुटती रही... घुटती रही...

(डायरी को बन्द करके सीने से लगा कर रोती है।)

छोटी... छोटी... मेरी प्यारी बहन... छोटी...

(बड़ी का डायरी सीने से लगाये प्रस्थान। प्रकाश मंच पर इरफान, धीरज और सुधांशु की ओर जाता है जो सन्नाटे में .खामोशी से बैठे हैं। ऐसी .खामोशी जो कुछ क्षण वहाँ ठहरी रहती है।)

इरफ़ान : .खामोश क्यों हो गये? अन्त में क्या हुआ?

सुधांशु : अन्त? वो तो अभी लिखा ही नहीं गया।

धीरज : पर सवाल ये है कि इसका अन्त होगा क्या?

(तभी रोली और शिल्पा का गम्भीर मुद्रा में प्रवेश। आते ही रोली बनावटी चुलबुलेपन से व्यवहार करती है।)

रोली : सॉरी गाइज़ वी आर लेट।

(कोई जवाब नहीं मिलता। तीनों पुरुष पात्र स्थिर दृष्टि से शिल्पा की ओर देखते हैं।)

चलो भई आज विदआउट समोसा-ब्रेक काम शुरू करते हैं।

(कोई जवाब नहीं मिलता।)

हैलो... हैलो... मैं आप ही लोगों से बात कर रही हूँ...

धीरज : भई शाम होने को आई... आप दोनों थीं कहाँ?

रोली : धीरज दा असल में शिल्पा को लेने तो मुझे ही जाना था पर सुबह इसी का फ़ोन आ गया कि तुम मत आना... मैं ही आ रही हूँ।

सुधांशु : यानी तुम लोग यूनिवर्सिटी से आ रही हो?

रोली : हाँ।

इरफ़ान : तो मुझे बता दिया होता... फिर साथ ही आ जाते।

रोली : भई महिला मंडली को कुछ स्पेस तो मिलनी चाहिये।

इरफ़ान : हाँ हाँ क्यों नहीं... तुम तो एक प्लेकार्ड लेकर चला करो– 'ये ज़नाना है'।

धीरज : *(टोकते हुए)* इरफ़ान! *(शिल्पा की ओर)* शिल्पा खड़ी क्यों हो?

शिल्पा : नहीं... वो... *(बैठती है।)*

रोली : धीरज दा हम तो और जल्दी आ जाते... पर हॉस्टल में बैठे तो शिल्पा ने अपना पूरा नाटक ही सुना डाला।

सुधांशु : *(शिल्पा से)* तुमने नाटक पूरा कर लिया?

शिल्पा : अभी कहाँ!

रोली : अन्त जो भी हो पर नाटक सुनकर मैं तो हिल गई। क्या प्रॉबलम उठायी है शिल्पा ने। एक लड़की के लिए...

धीरज : *(हाथ से रोकते हुए)* प्लॉट हमें पता है।

शिल्पा : *(हैरानी से)* मगर हमारी तो कोई बात ही नहीं हुई।।

(सुधांशु को प्रश्नसूचक व आहत दृष्टि से देखती है।)

सुधांशु : *(अचकचाकर)* वो शिल्पा... वो... इट वॉज़ रादर हैवी! फिर मुझे लगा कि अल्टीमेटली करना तो हमीं लोगों को है तो क्यों न डिस्कस कर लिया जाये।

रोली : हाँ, हाँ हम दोनों ने भी आज वही डिस्कस किया।

इरफ़ान : तो फिर इतना तो तय है कि नाटक वही करना है? बिना अन्त का नाटक!

धीरज : बैठे तो हैं... अन्त सोच लेते हैं।

रोली : समझ नहीं आता... ये बातें तुम लोगों को कभी क्लिक क्यों नहीं होतीं?

इरफ़ान : क्या नाटक का अन्त?

रोली : जी नहीं... वो तो आपके बस का है नहीं... पर ये तो सोच सकते थे कि जून के महीने में दो लोग बाहर से आ रहे हैं... पानी को पूछना तो बनता है ना?

इरफ़ान : ओ सॉरी... पर यार अब तुम खड़ी हो तो ले ही लो ना!

रोली : हाऊ मीन!

(कहते हुए अन्दर चली जाती है।)

धीरज : शिल्पा तुम्हारी... मेरा मतलब हमारी नायिका यानी छोटी की डायरी से पता चला कि बात कहाँ तक बढ़ चुकी थी... मेरा

मतलब छोटी किस क़दर परेशान थी! तुमने इसके बारे में आगे और सोचा?

शिल्पा : *(अपने में डूबी हुई)* आगे सोच नहीं पा रही हूँ।

(रोली दो गिलास पानी लेकर आती है। एक गिलास .खामोशी से शिल्पा के सामने रख देती है और दूसरे से पीने लगती है। शिल्पा .खुद को संयत करते हुए तेज़ी से गिलास उठाकर पानी पीने लगती है।)

सुधांशु : परिवार में इतना बिखराव और ऐसे हालात हों तो ऐसे में कोई लड़की क्या करेगी?

इरफ़ान : सौ नम्बर घुमाकर पुलिस को बुलाएगी।

रोली : ये मत भूलो हम स्कूल की लड़की की कहानी सुना रहे हैं।

इरफ़ान : तो बड़ी बहन बुलाये।

(शिल्पा तेज़ी से एक बार फिर गिलास उठाकर दो घूँट भरती है।)

धीरज : कहाँ की बातें कर रहे हो? ये क्या अमेरिका है कि चाइल्ड एब्यूज़ के नाम से .फौरन पुलिस पहुँच जाएगी।

इरफ़ान : तो पुलिस को मारो गोली... मीडिया का सहारा लिया जाये तो?

धीरज : तो छोटी-बड़ी के चेहरों को स्क्रीन पर धुँधलाकर अनाप-शनाप सवाल पूछे जाएँगे- तब आपने कैसा फील किया था? अब आप कैसा फील कर रही हैं? माई फुट!

सुधांशु : हाँ किसी एक चैनल की चाँदी हो जाएगी और प्रॉबलम वहीं की वहीं रहेगी। घर की गन्दगी बाहर धोकर वो दोनों लड़कियाँ आख़िरकार जाएँगी कहाँ? लौटकर तो उसी बाप के पास जाना होगा। चैनल क्या उनका रिहेबिलिटेशन करेगा?

रोली : अच्छा सोचकर देखिये... अगर वो महिला आयोग को एप्रोच करें तो?

इरफ़ान : तो भी बात तो वहीं की वहीं रही। ये क़दम उठा लिया तो बाद में वो जाएँगी कहाँ... खाएँगी क्या?

(शिल्पा के चेहरे पर हवाइयाँ उड़ रही हैं। वह .खाली गिलास उठाती है और फिर रख देती है।)

सुधांशु : ये सब इतना आसान नहीं होगा।

इरफ़ान : यार मुझे तो लगता है तुमने ज़्यादा स्केंडलाइज़ कर दिया है इस

सारे मामले को। एक एक्सेप्शन को लेकर बैठ गई ये शिल्पा हमारी।

सुधांशु : तुम लैंग्वेज वालों की यही प्रॉबलम है। कुछ इधर-उधर का भी पढ़ा करो... अख़बार देखते हो? ऐसे केसेज़ के लेटेस्ट आँकड़े बताऊँ?

धीरज : सुधांशु रहने दो... आँकड़ों में क्या रखा है? कोई दिन जाता होगा जब ऐसी कोई ख़बर न छपे अख़बार में। अरे परिवार का कोई भी सदस्य हो... बाप, भाई, चाचा, मामा... उससे क्या फ़र्क़ पड़ता है... बात तो वही है। ये सब चलता रहता है।

इरफ़ान : आँकड़ों की बात करते हो तो सिर्फ़ बच्चियों की बात क्यों? क्या छोटे लड़के ऐसी अमानवीयता के शिकार नहीं होते?

रोली : बात तो ठीक है... क्या बच्चे क्या बच्चियाँ! ये सब सोचती हूँ तो दिमाग़ भन्ना जाता है। ऐसी बरबरता... ऐसी क्रूरता क्यों बसी होती है ज़ेहन में!

शिल्पा : और क्यों जुड़ी हुई है ये एक शब्द विदइन कोर्ट्स मर्दानगी से!

रोली : मैं और शिल्पा आज हॉस्टल में यही डिस्कस कर रहे थे... हमारी सोसायटी में मर्दानगी की निशानी मानी जाने वाली गालियाँ माँ, बहन और बेटी पर आकर ही क्यों दम लेती हैं!

शिल्पा : ये गालियाँ नहीं... ढकी हुई सच्चाइयाँ हैं।

इरफ़ान : तो फिर कोई सच्चा-सा अन्त भी सोचो ना!

शिल्पा : मुझे नहीं मालूम... मैंने तो ज़िन्दगी की सच्चाई को सामने रखा है।

इरफ़ान : कहाँ है तुम्हारा... स्त्री विमर्श और प्रोग्रेसिव सोच?

शिल्पा : मैंने कब कहा कि...

सुधांशु : शिल्पा तुम डिफेन्सिव क्यों हो रही हो? *(इरफ़ान से)* तुम्हारा क्या मतलब है स्त्री विमर्श और प्रोग्रेसिव सोच झंडेबाज़ी और नारों में ही होती है?

शिल्पा : मैं समझती हूँ कि पूरे मन से... पूरी हिम्मत से दबी-ढकी कुरूप सच्चाइयों को सामने लाना सबसे बड़ा नारा है। ये ख़ामोश नारे जब-जब दिल में उतरते हैं तभी सवालों के जवाब...

रोली : लगता है आज भी हम लोग ख़ाली हाथ ही लौटेंगे... छोटी की समस्या का अन्त शायद हम...

(अचानक पार्श्व से बहुत तेज़ मोटर साइकिल रुकने की आवाज़ आती है। तभी तेज़ क़दमों से कोई नवयुवक प्रवेश करता है।)

नवयुवक : *(पुकारते हुए)* शिल्पा... शिल्पा... *(भीतर आकर शिल्पा को संबोधित करके)* बड़ी...

शिल्पा : अविनाश भाई आप?

नवयुवक : *(घबराये स्वर में)* पहले यूनिवर्सिटी गया था। हॉस्टल से पता चला तुम यहाँ पर हो... चलो बड़ी... जल्दी करो...

शिल्पा : अविनाश भाई बात क्या है?

नवयुवक : छोटी... छोटी ने... छोटी ने पंखे से लटककर जान दे दी।

(शिल्पा आवाक रह जाती है।)

रोली : छोटी! छोटी कौन?

नवयुवक : शिल्पा की बहन तनु।

(शिल्पा सदमे से निढाल हो जाती है। रोली लपककर उसे थामती है।)

धीरज : छोटी... शिल्पा की बहन!!

इरफ़ान : क्या! शिल्पा की बहन।

सुधांशु : तो वो डायरी पड़ोस की किसी सहेली की नहीं ख़ुद शिल्पा की बहन की थी! ओ नो!

रोली : शिल्पा... शिल्पा...

शिल्पा : *(रोते हुए)* छोटी... छोटी...

रोली : *(अत्यधिक दुख और करुणा के साथ)* अन्त ढूँढ़ रहे थे हम... नहीं... ये अन्त नहीं... नहीं...

सुधांशु : ये कैसा अन्त!

धीरज : क्या ऐसा ही होता रहेगा?

इरफ़ान : नहीं चाहिये ऐसा अन्त।

रोली : *(दृढ़ संकल्प के साथ खड़े होकर)* ये अन्त हमें मंजूर नहीं।

दर्शक : नहीं... ये अन्त हमें भी मंज़ूर नहीं। बिल्कुल नहीं। ये अन्त नहीं हो सकता।

(शिल्पा अर्धविक्षिप्त अवस्था में खड़ी होकर मानो कुछ टटोलते हुए धीरे-धीरे आगे आती है।)

शिल्पा : अन्त... अन्त...

(सब पलटकर शिल्पा को देखते हैं।)

सुधांशु : *(असहाय स्वर में)* कैसे मिलेगा अन्त?

इरफ़ान : *(आगे बढ़कर सुधांशु के कन्धे पर हाथ रखते हुए)* मिलेगा... ज़रूर मिलेगा। खोजेंगे हम अन्त।

धीरज : एक बार मिलकर आवाज़ तो उठाओ... सब मिलकर... मैं भी... *(साथियों की ओर संकेत करके)* तुम भी... *(दर्शकों की ओर संकेत करके)* तुम भी... तुम भी... ख़ुद चलकर आएगा वो अन्त।

शिल्पा : *(पुकारकर)* अन्त हाज़िर हो।

(सभी पात्र शिल्पा के क़रीब आकर उसके इर्द-गिर्द खड़े हो जाते हैं।)

सब मिलकर : *(पुकारते अंदाज़ में)* अन्त हाज़िर हो... अन्त हाज़िर हो।

□□□

णाणं

पयासयं

वीर नि.सं. 2470

ई.सन् 1944

भारतीय ज्ञानपीठ